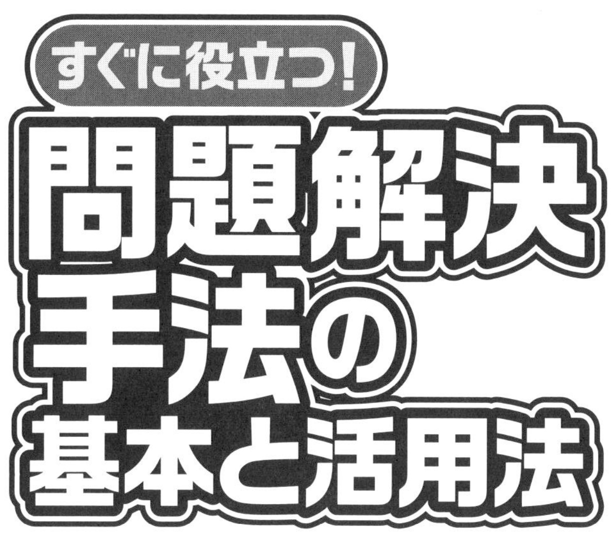

城西コンサルタントグループ
神谷俊彦 編著
坂田康一・荒川清志・坪田誠治 著

アニモ出版

はじめに

問題解決力を高めたいという人は、たくさんいることでしょう。また、身近に問題解決能力の高い人がいて、どうすれば自分もそうなれるのかと考えている人もいるはずです。

一方で、できれば問題とは関わりたくない、問題とは早く縁を切りたいと思っている人もいるかもしれません。

実は、問題を解決するにはどうすればいいのかということで、重要なポイントの1つが「思考（法）」です。

本書は、問題解決のためのノウハウのなかでも、特に思考法あるいはそれをサポートするツールを紹介することで、問題解決を早めるための支援をしています。

この本を読んでいただいて、いろいろな気づきを得られればいいのですが、その気づくために理解してほしいのは、私たち日本人は学校教育や企業内教育で、あまり問題解決能力を高めるような訓練を受けていないということです。

したがって、何か問題が発生したときには、いわば見よう見まねで周囲の人たちの助けを借りて、問題を解決する習慣がついています。

もちろん、それでも十分に機能を発揮して解決はできるのですが、どこかに納得できない部分があり、しっかりとした方法論を探している人も多いようです。

本書では、山ほどある問題解決手法について、コンサルタントがよく活用するフレームワークを厳選して解説しています。なかには、著作権の問題があり紹介できない手法もありますし、必要なことをすべて書こうとすると、10ページや20ページでは足りないという手法もあります。

そのような点についてうまくバランスをとりながら、なるべく効率よく理解できるように工夫したつもりです。

本書を執筆するに際して調べてみると、たとえば本書でも紹介し、実際に広く活用されている「ＳＷＯＴ分析」は、まったく役に立たないといったような意見を目にすることがありました。

せっかくの分析ツールでも、このような扱われ方をすることもあるわけですが、読者の皆さんには、公平な目で見てうまく使いこなしていく能力を身につけていただければと思います。

本書では、企業における問題解決を視野に入れて構成しましたが、企業の問題解決と日常生活で起きる問題解決の間に、それほど明確な線引きをすることはできません。

それよりも、まずは問題を正しく認識することが、問題解決には重要なのです。大企業でも、その重要なことから出発せずに、解決テクニックだけを研修しているケースがありますが、バランスがとれているとは思えません。

私の友人は、旅行先を決めるときにディシジョンテーブル（生じるであろう問題について、考え得る条件と行動をまとめた表）を使っていましたが、問題解決手法はこのように日常の生活にも浸透すべきだと考えています。

ビジネスの問題解決にはもちろんのこと、日常の困りごとにも本書を活用していただければ、きっと役に立つと思います。

2020年３月

城西コンサルタントグループ会長
中小企業診断士　神谷 俊彦

すぐに役立つ！　問題解決手法の基本と活用法

もくじ

1  「問題解決」とはどういうことか

2章 「あるべき姿」の描き方と思考法

3章 問題を抽出する論理的思考のしかた

ビジネスフレームワークを活用した問題解決法

5章 問題解決手法の歴史から見えてくるもの

6章 問題解決に向けた意思決定の方法

7章

問題解決のための発想法

8章

現状を理解して未来志向で考えよう

カバーデザイン◎水野敬一
本文ＤＴＰ＆図版◎伊藤加寿美（一企画）

1 章

「問題解決」とはどういうことか

Problem
Solving
Method

執筆◎神谷 俊彦

1-1

問題解決のための手法と思考法

手法も思考法も選択が難しいほどたくさんある

本書は問題解決のための手法と思考法について解説する本です。本書を手に取られた方は、多かれ少なかれ何らかの問題を抱えた経験があり、その問題解決に悩んだ経験もあると思います。

そこで本書では、問題解決に活用できる手法は数多くあるため、それぞれの手法の紹介を中心にしながら、解決手法を効果的に活用するときの注意点など問題解決に際しサポートできる構成にしています。

実は、**問題解決のプロセスはシンプル**です。「問題発生→問題点の整理→解決策の探索→対策の確定→実行」というのが一連の流れで、実行後の確認・評価からフォローまでも含めて「問題解決」とするのが一般的です。

流れはシンプルなのですが、根本的な解決に至るまでには多くのプロセスを経ることが珍しくはありません。解決するにしても、一時的な出血を止める短期的な解決から、原因の根本を取り除く抜本的な解決まで幅広い対応が行なわれています。

また、問題解決するための思考法は現在、山ほどの諸説があふれていて、書店でもたくさん並んでいます。問題解決に悩む人からすれば、解決の道筋や解決を支えてくれる理論やノウハウの全貌を整理するのは、大変難しくなっているといえるでしょう。

多くの書籍や雑誌などに示されている思考法は、歴史のあるものから比較的新しいものまでありますし、流行りすたりもあります。

感性による解決、論理による解決もあれば、「右脳的」「左脳的」といったものから、ＫＫＤ（勘と経験と度胸）による思考法も存在しています。

◎問題解決に活用できる思考法◎

内　容		対立する内容	
論 理	考えや議論などを進めていく筋道。思考の妥当性が保証される法則や形式。事物の間にある法則的な連関。	創 造	新しいものを自分の考えや技術などにおいて、初めてつくりだすこと。
左 脳	大脳の左半球。言語・文字などの情報処理を行なっていると考えられている。分析的処理に優れている。	右 脳	大脳の右半球。視空間性、非言語性の情報処理を行なうと考えられている。全体把握に優れている。
具 体	「全体の形を備えている」という意味で、人間の感覚でとらえられるものであること。形や内容を備えていること。	抽 象	事物や表象を、ある性質・共通性・本質に着目し、それをひき出して把握すること。その際、他の不要な性質を排除する作用（＝捨象）も伴う。

本書では、問題解決にあたりその道筋を明らかにして、どのような手法がどのようなシーンで使われているのかを簡潔に示していくことで、読者の皆さまが工夫できるやり方を支援できるものと考えています。

なお、本書の対象としているのは、**仕事におけるさまざまなシーンを想定**しています。たとえば、企画書の作成、業務改善、計画推進、品質管理などです。

政治家や芸能人のトラブルも問題といえば問題であり、そのための解決策のヒントになるかもしれませんが、企業（ビジネス）の枠を離れた問題解決にまで広げて解説することはありません。

1-2 そもそも問題解決とは何か

本当に問題は解決したのか？

問題解決するうえで重要なのは、本質をとらえて、困っていることをはっきりと定義し、解決策をいろいろと模索しながら何をしたらいいのかを決定し、それを実行するプロセス全般です。

問題解決能力のある人は多くの場合、短時間で結論を出して、全員が納得して行動できるような理想的な解決策を見出しています。本書を読まれる人には、できるだけそのような能力を身につけて、多方面で活躍できるようになってほしいと思っています。

そうはいっても、理想的な解決方法で問題を収拾することは難しいものです。また問題によっては、百点満点でなくても解決したといえることも多々あります。さらにビジネスにおいては、ただちに出血を止める応急処置・緊急処置もあれば、１年〜３年程度の時間をかけて解決できる中長期的な問題もあります。

問題解決には、知識や経験だけでは片づかない才能も必要です。その点についても、本書で明らかにして解決策を示していきます。

そもそも問題とは、一般的に「あるべき姿」と「現状」のギャップにあると認識されています。あるべき姿とは、絶対的なものではなく、各自が思い描く姿があるので、同じ事象をとらえても異なった人が見ると、問題も異なることがよくあります。ある人は問題が解決したと考えても、別の人は未解決ととらえることは決して珍しいことではありません。その理由は２つあります。

①各自の理想とする姿が異なっている

②各自の事実認識が異なっている

問題解決するためには、最初にそのギャップを埋める努力が必要です。でも、理想の違いを埋めるのは難しいことが多く、事実認識

◎問題が「解決」するとはどういうことか◎

問題とは、「あるべき姿」と「現状」とのギャップのこと。このギャップが解消できれば「問題解決」となる。

【問題解決の結論の出し方】

①問題点が明確で原因も判明して解決。再発防止策も作成できた（理想的な解決）。
②上記①に対して再発防止策だけは課題として未解決。
③短期的に解決し、これ以上問題が大きくならないことを確認。長期的には課題を残した。
④未解決であるが、長期的に解決する見通しがついた。これ以上拡大する心配は少ない。
⑤未解決だが、表面的には問題ではなくなった。確定ではないが、当面は問題が再発しない状況になった。

問題解決の形態としては、他にもあるかもしれませんが、解決というのは、上記①だけではありません。②〜⑤のように、関係者が納得して放置できる状態でも解決に含まれます。

【注意しなければならないのは…】

問題そのものの認識（「あるべき姿」と「発生した事実」）が違っていたことが判明すると、解決したと思った問題は再び未解決状態に変わります。振出しに戻らないようにすることが重要です。

の違いは努力によってある程度は解決可能と考えられます。いずれにしろ、ギャップがあったまま解決に至ることはありません。正確に事実を共有して、価値観を合わせることで問題解決に導きます。

1-3 問題解決するためのステップ

問題を発見して原因を追求し、対策を立てる

問題解決のプロセスは、１－１項で示したように「問題発生→問題点の整理→解決策の探索→対策の確定→実行」です。この場合、正しいステップを踏んで進むことが解決の近道といえます。正しいステップとは、以下のとおりです。

【ステップ①】どこに問題があるか見つける

「問題発生→問題点の整理」のプロセスです。問題解決を始めるときには、まず問題が何かを定義しなければなりません。解決したい問題の「何が？」「どこに？」という部分を明確にしてから行動に移します。そのためには、問題点を整理して解決すべき点を明確にしなければなりません。

【ステップ②】問題を分析して何が原因か突き止める

「問題点の整理→解決策の探索」のプロセスです。問題がどこにあるのか認識できたら、次のステップは「その問題を起こした原因は何か？」ということをしっかりと分析し、突き止めていきます。原因まで特定できると対策が決まることはよくあります。

【ステップ③】原因をもとに効果的な改善策を発案する

「解決策の探索→対策の確定」のプロセスです。問題の原因を分析できたら、改善策を立てるのが最後のステップです。問題が起きる原因を取り除く、原因が起きる可能性を低くする、そもそも原因が発生しないようにする、改善策は原因の内容によって異なります。

このようなステップは、いわれるまでもなく実行しているはずです。３つのステップのどこかが完結できていないときは、間違った結論に向かう可能性があります。たとえば、品質トラブルなどは事

◎問題解決のプロセスで留意すること◎

問題というものには、そもそも難しいことがクローズアップされるという性格があります。あるべき姿と発生した事実のギャップが問題の本質ではありますが、現実にはそういう問題のなかでも、「研究論議しないと解決できないこと」「論争の材料」「やっかいなこと」「人々の注目を集めること」などが解決したい問題であるということです。問題が注目されるわけではなく、「注目されるものが問題」なのです。だから一般的に、解決には時間がかかる傾向があります。問題解決するには、この点にも注意する必要があります。

【問題解決するためのステップ】

ステップ①：問題認識

ステップ②：原因の追求

ステップ③：対策の確定

本書では、基本的に論理やデータが通じる世界を前提としており、**関係者が納得できる解決をめざす**ことが目的です。よく見られる解決策で避けたいのは、「一応の決着はみたが課題を残した」という解決策です。多くの場合、これは解決したわけではありません。問題解決の方法や具体的な行動計画まで示せれば一応の解決といえるでしょう。グレーな解決への誘導は、絶対に避けなければなりません。

実が完全に伝わらなかったために被害を拡大させた例がよくあります。事実が論理的に整理できていないと、解決策には結びつかないと考えておきましょう。

一方で、豊かな発想力がないと正しい対策は生まれないものです。論理的思考は、前例があると強いのですが、前例がないときは発想力を駆使するアプローチが必要になります。

1-4 問題解決における思考法の役割

問題解決手法は共有化しないと意味がない

問題解決するうえで「**フレームワーク**」は大きな役割を果たします。たとえば、「ブレーンストーミング」や「ＰＤＣＡサイクル」などは有名ですが、意識せずともビジネスでは普通に使われているはずです。結論をまとめる際の「帰納法」や「演繹法」などもよく知られています。そういった手法がどう役に立つのかというメリットをまとめると、次のようになります。

【メリット①】自分の意思や考えが整理できる

フレームワークに当てはめる目的は、周囲のためではなく自分自身の考えを整理するためです。解決すべき当事者ならば、問題の本質をしっかり理解できていないと正確な対応はできません。

【メリット②】問題を速やかに解決できる

問題が起きたとき、または問題が起こりそうなときに、その問題がなぜ発生したのかを把握し、どうしたら解決できるのかはスピードがカギです。フレームワークは時間のムダづかいを防ぎます。

【メリット③】思考力（組織・自分自身）が向上する

ビジネスでもプライベートでも、すでに起きている問題に対応するだけでなく、突発的に起きた問題を解決しなければならない機会があるものです。フレームワークのストックを多く持っていれば、明らかに組織にも自分自身にも利益をもたらします。

このような効用があるわけですが、集団で同じ方向を向くためには**共有できるフレームワークを使う**必要があります。多くの問題解決手法をストックしていても、企業内に活かすためには個人が持っているだけでは有効に活用できません。

◎ブレーンストーミングの効果と共有化◎

【思考法の役割】

それを使えば、対象とする範囲で、問題解決や意思決定を行ないやすく（速く、正確に成功）すること。

いろいろな思考法が存在しますが、目的に合ったフレームワークを積極的に活用するケースが多くなってきました。思考法として活用されるためには、言葉・方法論・ルールなどが明確になっていることが必要です。フレームワークを仕事に応用することで、自分自身の能力を高められ、周囲との人間関係を深めることもできるようになります。

【ブレーンストーミングとは】

ブレーンストーミングは、アイデアを出し合うための有名な方法で、問題解決のためのフレームワークの１つ。いろいろな使い方があるので、企業でも広く活用されています。

１人ではなかなか生まれない発想でも、多人数でブレーンストーミングを行なうことにより、多くのアイデアが生まれ、気づきが起こってきます。有効なフレームワークというのは、ブレーンストーミングにみられるように、多数の人と簡単に共有できることが重要です。アイデアが出やすいうえに、そのアイデアを活用するときにも社内に浸透しやすくなります。

たとえば、会議をスムーズに行なうための手法はいくつもありますが、会議に出席する人全員がその手法を理解していないと効果は出ません。いくら効果的なフレームワークを知っていても、企業全体で共有化する努力が重要なのです。２章でも解説しますが、問題解決のためには経営理念など企業全体で共有化すべきものが必要です。知識・ノウハウを大切にする企業風土づくりがカギになります。

1-5 本書の構成ガイダンス

2章以降で解説することは

本書では、問題解決するための道筋について、以下のような観点から進めていきます。

まず2章では、問題解決手法や思考法の解説というよりも、問題解決の前段としての、解決するために必要な企業内の共通認識について解説します。

3章、4章では、論理的な問題解決手法を紹介します。

5章では、問題解決手法の歴史的な流れについて解説します。

6章、7章では、想像力や発想力を向上させる方法について解説します。

最後の8章では、現状を踏まえたうえで問題解決手法の新たな潮流や期待される課題について解説します。

なお、問題を解決するには、1－3項でも紹介したように、「問題の整理→事実（と背景）の確認→解決策の検討→意思決定→行動計画の作成」という流れが必要になるわけですが、実は、**問題を明確にして解決策を練るための前提**というものが存在します。

企業の問題解決を行なうに際しては、そもそも企業の使命は何か？　企業はどうありたいのか？　従業員の役割、期待されることは何か？　などがはっきりしていないと、解決に至らないことが多いのです。しかし多くの場合、その点を意識せずに問題解決に動いていますが、本書では問題解決手法を使う前提として必要なことを2章で解説しておきます。

ビジネスでもプライベートでも、突発的に起きた問題を解決しなければならない機会があるものです。その場合、短時間で解決して計画的に物事が進むことはむしろ稀でしょう。どんな形で問題が起

◎2章以降のテーマと解説内容◎

	テーマ	内容
2章	思考法のための経営論	企業の問題解決には、経営理念やビジョンを明確にして、人材育成の課題解決まで含まれる。
3章	問題の抽出と論理的思考	論理的な展開方法として、基礎的な構造をつくる方法、整理する方法、定量化して整理する方法が提案されている。
4章	フレームワークを活用した解決策	思考法の根幹ともいえるフレームワークという考え方を紹介。本書では主題ともいうべきテーマ。
5章	思考法の変遷	思考法に関する歴史的な流れについて紹介。時代ごとの特徴もありながら、普遍性があるということも理解できる。
6章	問題解決における意思決定	ビジネスにおける意思決定の考え方を解説。多くの共感を獲得するには、論理的な整理が欠かせない。
7章	問題解決における発想法	アイデアの発想は問題解決の重要な要素でもある。テーマの設定、あるべき姿、情報収集、問題解決手法を広く紹介。
8章	未来への潮流	思考法は将来に対してどんな課題があり、どのように進むのかを知ったうえで、未来設計の一助とする。

きたとしても、問題解決能力があれば迅速に対応し、**悪影響を最小限に抑えながら解決**していけるはずです。

ビジネスで結果を出す力を磨くには、大量の意思決定の疑似体験が必要になります。書籍や動画による知識のインプットだけでなく、自問自答を何度も繰り返したうえで、練りに練った考えを周囲に伝えて議論することによって、はじめて意思決定に必要な判断力や自分では想像がつかなかった視点を得ることができるのです。

思考の定義を考える

「思考とは何か？」ということは、歴史のなかで何度も問いかけられているようです。定義は決まっていないらしく、広義には「人間がもっている知的作用を総称する言葉」、狭義では「概念・判断・推理を行なうこと」を指すとされています。

考えや思いをめぐらせる行動や、何かしら結論を得ようとする過程において、筋道や方法などを模索する精神の活動など、精神性も含めて思考ということもあります。哲学的にも「思考することこそ人間である」などといわれますが、このような世界に踏み込むと本書では説明しにくくなってしまいます。

経営の世界でも思考については、さまざまな学者や経営者が多くの言葉を残しています。その１つひとつが示唆に富んでおり、有用で面白く実践できるものです。こういう言葉をまとめている本もあり、私も参考にしました。

特に興味をひかれるのは、多くの方が「思考」には思ったよりも大きな力があり、自分が導くというよりも自分が思考の引いた路線に導かれているという印象さえ持っているという点です。その言葉は信じたいなと思います。

思考という言葉を調べると、たくさんの関連用語が出てきます。たとえば、哲学的な思索とは別にして何かを考えるときに「○○思考」という言葉を自然と使うことがあります。**ロジカルシンキング**はその代表なものでしょうが、**水平思考**とか**垂直思考**なども聞いたことがあると思います。**論点思考**、**分析思考**などは聞いたことはないかもしれませんが、意味するところは理解できるでしょう。

ただし、これらの言葉に迷わせられることなく、きわめて普通に思考しているのが日常の姿だろうと思います。本書では、ビジネスの世界で使われる思考法を取り上げていますが、日常生活とビジネス社会を明確に切り離しているわけではないことは、ご容赦いただきたいと思います。

2章

「あるべき姿」の描き方と思考法

Problem
Solving
Method

執筆 ◎ 神谷 俊彦

2-1 企業の「あるべき姿」と思考法の関係

「あるべき姿」とは何か

問題を解決するというのは、「理想と現実のギャップを埋めることである」と定義しましたが、ビジネスの問題を解決するときは、その「**あるべき姿**」を明確にする必要があります。

たとえば、品質トラブルが発生したときに、その解決策を決めるためには、原因を追求しなければなりません。原因究明というのはどこまで掘り下げるべきなのか？　その対策は企業のあるべき姿・ありたい姿に近づくのか？　否か？——を判断材料にして決定しなければなりません。

企業のあるべき姿に照らし合わせて現実をみたときに、ようやく問題を整理できるという事態に直面することは、読者の方も体験されていると思います。

「あるべき姿」とは、**ビジネスの理想を表現するもの**です。理想と表現方法の関係については後述しますが、あるべき姿をみたときに、思考法の役割がどのようになるかが重要な分かれ道です。

あるべき姿は感性にもとづいたものか

あるべき姿は理想ではあるのですが、論理の行きつく先でつくられたのか、感性にもとづいたものなのかで、現実とのギャップを埋めるやり方が違ってきます。特に、感性にもとづいたやり方は整理が必要なので、まずは論理的に整理をすることから始めなければなりません。問題解決は、論理的な説明から開始することになります。

感性にもとづく部分は、論理に飛躍が出てくるケースがありますが、飛躍は飛躍としてとどめておかないと、作業が進まない可能性があります。このように、論理で整理できないことを置きっぱなし

◎理想（あるべき姿）と現実のギャップ◎

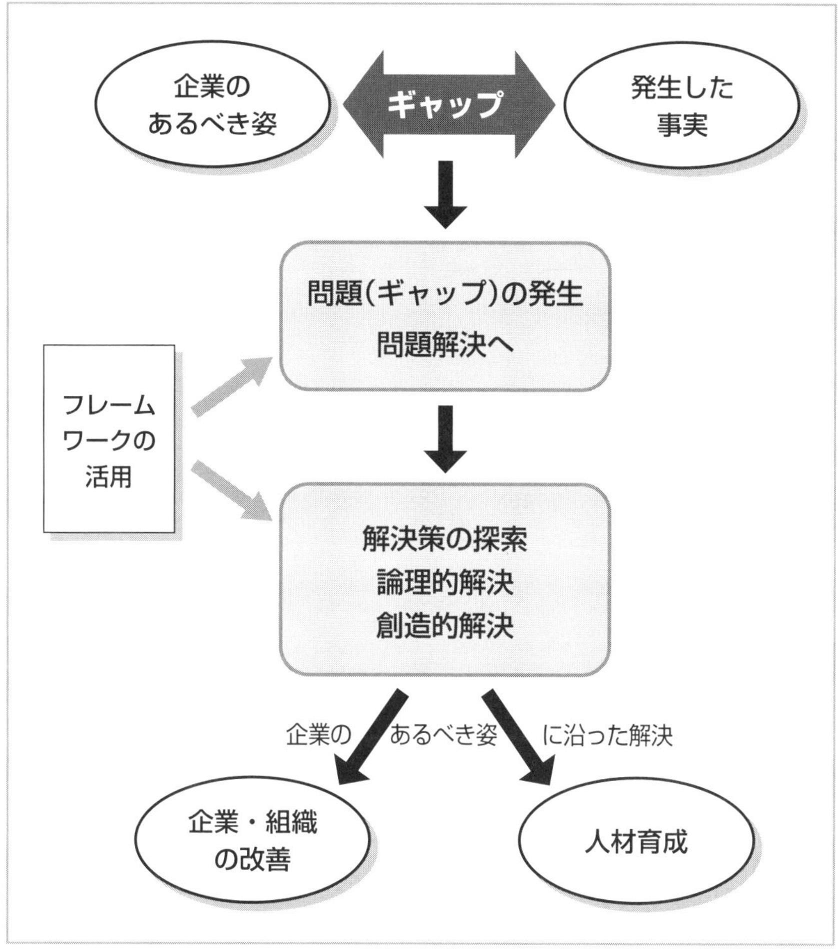

にすることもバランス面から必要な決断です。とはいえ、置きっぱなしにすることが納得できないため、感性と論理を埋める作業に苦闘している人が多いのも事実です。納得できないのであれば、先達が示した先例を参考にされるのもよいでしょう。

解決するためには､｢論理と創造｣｢左脳と右脳｣｢具体と抽象｣の折り合いをつけていく必要があります。本章では、この部分についても重要なプロセスとして解説していきます。

2-2 企業のあるべき姿とは何か

理念、ビジョン、ミッションなどが該当する

そもそも、問題解決策でよりどころにする「企業のあるべき姿」「ありたい姿」とは何でしょうか？　実は、すでに多くの会社には存在しています。「**経営理念**」「**企業のビジョン**」「**企業理念**」「**ミッション**」「**社是**」「**社訓**」「**綱領**」「**信条**」「**行動指針**」「**企業憲章**」などと呼ばれているものがそれにあたります。

それらを総称して「経営理念」と呼ぶこともありますが、本書ではそれらは別個のものとして認識していきます。ただし、それぞれに定義らしきものはないため、多くの企業に共通した説明はできません。本書では通説をもとに分類しますが、全体像が理解できて問題解決に役立つ内容であれば言葉にこだわる必要はありません。

理想と現実のギャップを埋めるのが問題解決とすれば、理想についての取り決めをしておかないと問題解決にはなりません。あるべき姿、ありたい姿についてだけでも、これだけの表現スタイルがあるのを理解して取り組む必要があるということです。

思考法を使った問題解決のプロセス

企業の問題を解決するときにＳＷＯＴ分析を使うことがあります。企業の強みや弱みを整理して、企業の姿をとらえておくという分析手法です。このような基本的な分析手法には、いろいろな活用のしかたがありますが、実際に行なってみると、経営層でも気がつかなかったあるべき姿を浮かび上がらせることがあります。

思考法というのは、適切に使えば見えなかった部分を見せる役割を果たすし、問題の基軸を決めることもできます。そして問題解決するときは、最後には決断（意思決定）しなくてはなりません。

◎企業の「あるべき姿」のいろいろな表現方法◎

「経営理念」 「企業理念」	企業経営者（社長）が示す、企業の経営や活動に関する基本的な「考え方」「価値観」「思い」「企業の存在意義」を指す。
「ミッション」	経営理念をもとにした企業の使命（ミッション）を指したもの。
「企業のビジョン」	各企業が「企業理念」をベースに、事業を通じて将来的に成し遂げたいことや成し遂げたい状態を指したもの。
「社是」「社訓」	「社是」は会社が正しいとするもの。「社訓」は会社で守るべき教訓・こうするべしという教え。
「綱領」	「物事の基本的なところ、要点」の意味。基本的立場・理念・活動方針・政策などを要約した文書を指すことが多い。
「行動指針」	「企業理念」や「ビジョン」を実現していくための行動様式や判断基準。「社員に対する行動規範」の形式が多い。
「信条」	信ずる道理（条は筋の意味）。
その他	「行動憲章」「スローガン」「モットー」などにより、企業のあるべき姿を示している事例がある。

右か左かを決断するときには、よく最後はお客様のためになるかどうか、自社の得意分野に関係するかどうか、自社の行動基準に合致するかどうかなどを複合的にみて、何らかのよりどころをもって決断するというのが小説やドラマに出てくることがあります。

まったくその通りなのですが、自社の基準は、思いから行動に至るまで何種類もあるわけですから、多くの関係者の理解を得て行動するためには、あらかじめ「ありたい姿」をできるだけ整理しておくことが重要です。

2-3 経営理念とは何か

経営理念は問題解決のための大前提

前項で示した表現方法のなかでも、「**経営理念**」の解釈にもとづく解決策が、企業の問題解決にあたっては大変重要になってきます。

経営理念については、一般的に「この会社は何のために存在しているのか。経営をどういう目的で、どのように行ない、どのような成果を出すのかなど、基本の考え方を示す」と解釈されています。企業の本質を表現するためには、最も有効なものであると考えられます。だからこそ、企業の内外に発生した問題を解決するための基軸になるわけです。具体的な描き方は次項で解説します。

「経営理念」(企業理念を含む)は、各企業が何のために活動するのかを示したものです。つまり、会社の目的や存在意義、使命を表現したもので、時代によらず不変のものです。

幕末に活躍し、農地の近代化に大きな功績を残した二宮尊徳は「道徳なき経済は罪悪であり　経済なき道徳は寝言である」という言葉を残しています。二宮尊徳は、論語の精神を重要視して活動していましたが、実践家であり、決して抽象的な言葉で指導してきたわけではありません。当時は、会社という概念は一般的ではありませんが、現代では道徳を経営理念という言葉に置き換えて説明することで、理念の重要さを考えることができます。

そして経営理念は、経営者の思いを反映していると、とらえます。経営戦略は、思いを実現するために成立すべきものです。経営理念は実現するために作成するわけですから、全従業員の指針として行動に結びつけることで、会社の成果にも結びつけることができます。

コトラーが提唱した**ＰＥＳＴ分析**は、経営の外部環境を４つの視点からとらえる有名な分析方法ですが、この分析を実践するときに

◎経営理念の構成◎

存在意義　価値観　基本的精神　企業の約束

【事例】
もしも、ケーキをつくっている会社が、法人顧客からサンドイッチを頼まれたときにはどうすべきか？

【解答】
答は１つではないと思いますが、経営理念と照らし合わせて決定することがカギです。技術的には、自社のノウハウが活きるとすれば自社の理念を書き換えてでも行なうか、サンドイッチを生業にする別会社を立ち上げるかも検討するべきです。中小企業の多角化で、自社のコアを支点にした立ち上げは現実的な選択肢ですが、存在意義や価値観に照らし合わせるのは経営者の役割になります。

【論理と発想】
「もしも、ケーキをつくっている会社が、法人顧客からサンドイッチを頼まれたときにはどうすべきか？」という問題に対し、経営理念を揺るがせたくないときは、サンドイッチではなく「サンドイッチっぽいケーキをつくる」という発想もあるわけです。現実にそういう商品は売られていますが、自社にとってはケーキづくりの延長としての「ものづくり」の追求になります。
たとえば、就職あっせん会社がインターンシップのあっせんをビジネスとして開始することは、決して理念に反するものではないかもしれません。自社の理念を見直して新しい形を創造できるというのも、経営理念の正しい役割です。

も「経営理念」をもとに実施しないと、範囲がどこまでも広く深くなりすぎます。環境分析は、戦略目標をつくるためでないと意味がないので、たとえば経営コンサルタントは、理念が明記されていなかったとしても、経営者と思いを共有しながら分析を行ないます。経営理念は、原因分析や問題解決の大前提となるわけです。

2-4

経営理念を見える化する方法

基本文章をもとに独自性を織り込む

「経営理念」は、何のために企業は存在するのか？　という問いに答えるものです。企業には必ずあるはずですが、実際に文字化している中小企業は多くありませんし、どのようにつくったらよいか、つくる意味があるのかといった意見が多いのも事実です。

理念を見える化するためには、その構造を明確にする必要があります。構造化するための基本的なポイントを右ページの図に示しました。理念は抽象的で大局的な表現になることが多いので、文字にするのはもともと難しいため、このように**パターン化**してみます。抽象的に考えるとあとで具体化する作業が必要になるので、パターン化しておくと従業員や顧客に浸透させやすくなります。

たとえば、経営理念には「自社の独自技術を使って社会に貢献する」などと書かれることが多いのですが、これはあえて広く解釈できるようにしているのです。しかし、独自技術とは何か？　社会貢献するとはどういう意味か？　という点を明確にしないと解決策は出てきません。といって、理念が具体化しすぎると経営ビジョンになっていきます。

多くの企業の経営理念を構造的にみてみると、「存在目的」「価値観」「精神」「行動範囲」などの要素が入っています。ただし、公開されている経営理念のすべてが、こうした要素を備えているわけではなく、**独自性を加えて**その企業の本質を表現するものになっていることは間違いありません。

ある会社では、「先進技術・差別化技術の創出により、新たな価値を創造し、お客さまに満足と信頼をいただける最高品質の商品、サービスを提供し続けていきます。社会の文化・産業の発展、人々

◎経営理念のつくり方◎

ステップ1　基本文章

「私たちは○○をもって、△△を提供して、□□に貢献します」

○○：技術やもてなしの心などが入る
△△：提供したい価値（製品やサービスや、あるいはもっと具体的な商品群など）
□□：実現したい世界観。社会的責任、健康で豊かな生活など

上記フォーマットを使えば次のような経営理念が出来上がります。

「わたしたちは、先進・独自の技術をもって、最高品質の商品やサービスを提供することにより、社会の文化・産業の発展、健康増進、環境保持に貢献し、人々の生活の質のさらなる向上に寄与します。」

ステップ2　独自性の付加

独自性：革新の風土、新技術に挑戦、顧客満足など

<付加文章の例>

- 「活発に議論しあう企業風土と、新技術に挑む勇気ある挑戦により、○○産業に役立つ新たな商品を開発し、新たな価値を創造できるトップを走る企業であり続けます。お客さまに満足と信頼をいただける最高品質の商品、サービスを提供し続けていきます。」
- 「世界中の人々が、物質面だけではなく、精神面の豊かさを持ちながら人生を過ごせる社会の実現に大きく寄与することを使命とします。」

の健康や地球環境の保持にも貢献していきます。」としています。これは、経営者や社員が変わろうとも、日本であろうと海外であろうと不変であるという意思を示しており、問題解決がこの意思に沿ったものになり得るということが推察できます。

2-5 ビジョンとは何か

経営理念をベースに、到達したい状態を示す

「ビジョン」(vision) とは、一言でいえば、**将来の構想や未来像**を指します。たとえば、「リーダーにビジョンがない」というと、「将来を見通す力」や「洞察する力」がないという意味で使われます。

企業の問題解決においてビジョンが存在する意味は、理念以上に具体的な効果をもたらすと考えられています。事実、働くうえでのビジョンの役割を問うと、多くのビジネスマンが、理念に沿ったビジョンのあることが働きやすさに影響していると答えます。

アマゾン創業者のジェフ・ベゾス氏は、「あらゆるものをクリック1つで購入が可能で、すぐに家に届く」(有名な「1Click注文」)というものをビジョンの1つとしてイメージしました。このビジョンは実際に、アマゾンという企業が成功を収める原動力となっています。アメリカ企業のビジョンは、このように自社によってどんな社会を実現したいのかを語るものが多くみられます。

一方で日本の企業は、自社が理念にもとづいて活動した結果、将来のある時点 (長期的観点) でどのような発展を遂げていたいか、どのような企業に成長していたいかなどの構想や未来像をビジョンにしているケースが目立ちます。たとえば、「活発な意見交換ができる企業風土を実現します」や「1兆円企業で業界のリーダーをめざす」などがよくみられる事例です。

ビジョンのあり方として、欧米型と日本型の相違はありますが、どちらにしても問題解決の方向性はビジョンから得られるので、企業は自然とその方向に向かっていきます。これが、ビジョンの持つ力ということです。

つまり、**会社全体がある時点までにめざす未来像**が経営ビジョン

◎ビジョンの位置づけ◎

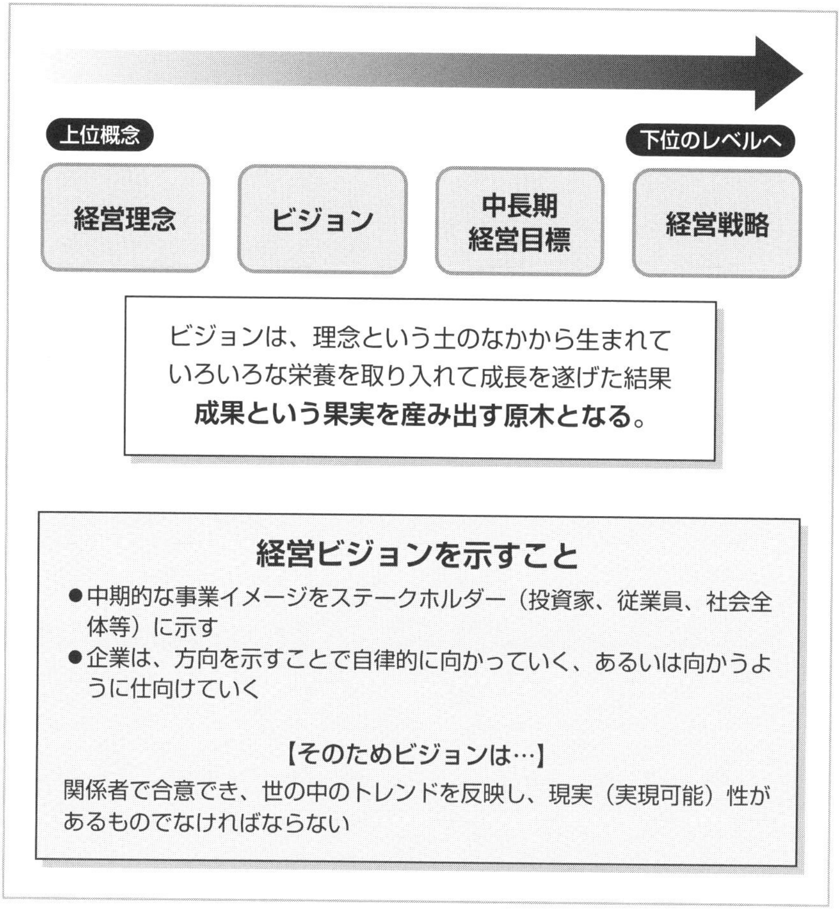

上位概念

下位のレベルへ

経営理念	ビジョン	中長期 経営目標	経営戦略

ビジョンは、理念という土のなかから生まれて
いろいろな栄養を取り入れて成長を遂げた結果
成果という果実を産み出す原木となる。

経営ビジョンを示すこと

- 中期的な事業イメージをステークホルダー（投資家、従業員、社会全体等）に示す
- 企業は、方向を示すことで自律的に向かっていく、あるいは向かうように仕向けていく

【そのためビジョンは…】

関係者で合意でき、世の中のトレンドを反映し、現実（実現可能）性があるものでなければならない

です。各企業が「経営理念」をベースに「到達したい状態」を示したものですから、経営理念と密接に関係しています。このような中期的なイメージを投資家、従業員、社会全体に示したものがビジョンであるので、企業はその方向に自律的に向かうあるいは向かうように仕向けることができるわけです。

言い換えれば、一貫性、整合性がない場合には、投資家、従業員や社会全体からの信頼を失ったり、ビジョンを達成することが困難になったりすることでしょう。

2-6

経営ビジョンの構造

問題解決のためにはビジョンの共有化を

日本企業のもっているビジョンの多くが、数年以内にどのような企業になりたいかということを示したものですが、その構造的なポイントを示すと右ページ図のようになります。

「どのような企業になりたいか？」という部分に、具体的に何を入れるべきかというのが問題です。経営理念が、企業の目的や使命、実現・提供すべき企業価値などを示し、「そのあるべき姿」を明らかにしたものが「ビジョン」です。したがって、ビジョンのなかには、それを実現するために**企業内で共有されるべき思考・行動規範**（企業コア・コンピタンスや経営方針・経営戦略を含む）を示すことに使えるような内容であることが期待されます。

かつての日本型経営ビジョンでは、「20××年に向けた１兆円企業」「○○分野でのリーディングカンパニー」といった「自社がどうなりたいか」という点を強調してきました。しかし近年では、理念主導型ビジョナリーカンパニーの影響を受けて、「トップマネジメントの経営哲学・世界観」なども反映される形態になっており、経営理念との関係を明記している企業が増えています。

アマゾンの成功などは明らかな具体例です。つまり、企業自体がその世界観をどうやって実現するのかの企業戦略・事業戦略の構想力がカギとなるので、パターンに当てはめるという存在ではないかもしれません。しかし、すべての企業がアマゾンのようになれるわけではなく、やはりあるパターンに収めることも意味があります。

そして狙いは、全社員の**創造力**（Creativity）**エネルギー**を１つの方向に向けていくという点です。時代の流れというのがビジョンにおいてはカギとなります。社会貢献・環境対応・地域創成は昔か

◎問題解決とビジョンの関係◎

らあったというものの、ＳＤＧｓや企業倫理の考え方からより具体的な問題や課題が見えてきているので、ビジョンのなかにいち早く反映している企業も増えています。したがって、問題解決の基軸として、**ビジョンを共有化しておくこと**が前提となっています。

2-7

自分の「あるべき姿」も考える

自分を一言で表現するとどんな言葉がふさわしいか

企業の問題解決にあたってのビジョンの役割が明確になったわけですが、そのプロセスにおいても、結論においても、「人間の変革」「人間性、性格、習慣の変革」を伴う解決策がよく出てきます。

たとえば、「○○業界のリーダーになる」という企業のビジョン形成についていえば、「業界のリーダーにふさわしい利益率目標の決定→目標達成に必要な顧客の獲得→顧客の獲得に必要な業務改革→業務改革を担うのにふさわしい人材育成」という行動計画が立案できます。社員が、人間として、社会人として人間形成するということは、問題解決のための目標の１つということになるわけです。

理想的な人間形成の方法を解説することは本書の趣旨ではありませんが、問題解決にあたっての社員のあるべき姿の事例を１つあげておきましょう。

多くのリーダーたちが人間形成に必要なこととしてあげているのは「**誠実**」です。たとえば、多くの農地改革を成功させた二宮尊徳の有名な言葉に「誠実にして、はじめて禍（わざわい）を福に変えることができる。術策は役に立たない」があります。「嘘をつかず、真面目で、怠けず、丁寧に生きる」――そのような心身の姿勢があってこそ、はじめて**問題解決手法も役に立つ**ということです。

ちなみに、尊徳の言葉にある「禍」とは農村の荒廃です。農村の荒廃は、リーダーシップの不在と人心の荒廃から来ているため、手段や手法を伝えても、それに取り組もうとする人々の心が荒んでいれば取組み自体が役に立たないということでしょう。

問題解決手法を活用する前提として、誠実さをあげるのは別に日本だけのことではなく、アメリカ企業のリーダーからも発せられて

◎サラリーマンに聞いた「自分を表わす言葉は？」（複数回答あり）◎

誠実　45%	信頼　35%	感謝　30%	楽観　20%	情熱　20%

◎よく使われる自分を表わす言葉（上記事例のまとめ）◎

愛	行　動	心	冷　静	情　熱
主体性	実行	信念	冷静	行動力
リーダーシップ	向上心	忍耐力	傾聴力	プロ意識
協調性	先を見据えた行動	チャレンジ	柔軟性	負けず嫌い
謙虚	アイデア	逆境	論理的	やり遂げる
信頼	好奇心	折れない心	観察力	ひたむき
尊重	探究心	挑戦	洞察力	全力
誠実	計画性	関係	気配り	努力
感謝	執念	妥協しない	客観的	真摯
尽くす				根性
笑顔				

◎似たような表現の「モットー」とは◎

「モットー」とは、「標語」「座右の銘」のこと。一般的に四文字熟語で表現し、「私のモットーは『清廉潔白』です」などと自分を表現することが多い。企業におけるモットーは、経営理念の意味から行動基準の意味としてまで使われる。

います。企業改革の真髄を表わしているということです。企業の問題を解決する際には、それに取り組む人材改革の対策が必要だということです。「自分という人間をどう表わすか？」という調査結果があり、これをみると、人は誠実でありたいという価値観はもともと持っているようなので、尊徳の事例を学びつつ社員自らの変革心を想起させることが、企業の問題解決の早道であるようです。

2-8 自分の「ありたい姿」を現実にする思考法

心理的な分析手法を活用する

企業にしても人間にしても、あるべき姿やありたい姿を描くときには、いろいろな言葉を書き出して「ＫＪ法」や「親和法」（＝新ＱＣ７つ道具）などを使って整理してみるしかありません。しかし、１人で整理するのは簡単ではなく、とてつもなく発散してしまうので、どこかで収束させる必要があります。

企業の場合は「理念」と「ビジョン」という２つの要素を明確にすることと前述しましたが、個人の場合にも基本は何ら変わりません。しかし、一般的に「あなたの理念は何ですか？」という聞き方はしません。自分の現在の姿を知ってから変革するという意味では、心理テストのようなものから現状を知ることもよくあります。

昔から現代にいたるまで心理的な分析方法はよく使われています。その応用例も、資質の問題解決手法として数多くの企業で採用され、種類も増えつつあります。

たとえば「**エゴグラム**」は古典的な方法ですが、いまだに企業で活用されています。これは、エリック・バーンの交流分析をもとに弟子のジョン.M.デュセイが考案した分析手法で、ＣＰ（厳格な親の心）、ＮＰ（保護的な親の心）、Ａ（合理的な大人の心）、ＦＣ（自由な子供の心）、ＡＣ（従順な子供の心）という５つの要素バランスから性格や人との関わり方を分析する手法です。合理的で理性的にふるまう大人の性質から、自由な発想で心のままに振る舞う子供のような性質に分類するこの手法は普遍的な支持を集めています。

問題解決にあたるときには、論理的な整理が得意な人もいれば、いろいろな発想をして解決するタイプの人もいます。心理分析をもとに、現在の自分とありたい姿の自分を対比して、個人の成長を期

◎リフレーミングと問題解決の関係◎

「リフレーミング」とは、事実を変えないで、事実を認識する枠組み（フレーム）を変えることをいいます。心理療法のジャンルから始まっており、企業においても問題解決の手法として応用されています。仕事に失敗して苦境に陥ったときも、見方を変えればチャンスに思えるときがあります。同じ仕事をするときも、考え方１つで、「その人の幸福度が大きく変わり、仕事の姿勢も変わる」などは、皆さんも経験があると思います。

有名な「３人のレンガ職人の話」

３人のレンガ職人への「何をしているのか？」という問いかけに対するそれぞれの答は次のようなものでした。

- **１人目の職人**
  「レンガ積みをしているんだ。朝から晩まで、俺はここでレンガを積まなきゃいけないのさ」
- **２人目のレンガ職人**
  「俺は、ここで大きな壁をつくっているんだ。これが俺の仕事でね。この仕事のおかげで、俺は家族を養っていける」
- **３人目のレンガ職人**
  「歴史に残る偉大な大聖堂をつくっているんだ。ここで多くの人が祝福を受けるのさ。素晴らしいだろ！」

事実は１つでも、３人のものの見方のフレーム（枠）が違うと、このような差が出るという話です。

待する手法を活用するとよいでしょう。

本書でも、論理と創造のぶつかり合いをイメージしていますが、１人の人間のなかでもそれは起こっています。内部にはもともと葛藤があるので、「**リフレーミング**」によって、その人の考え方が大きく変わることがあります。ここでも問題解決手法を活用できるということです。

2-9 自分の思考方法の確立

自分の価値観を明確にしておこう

人間性の改革における**価値観**（sense of values）を明確にすることも、問題解決するうえでは有効な方法です。

「価値観」とは、何に価値があると認めるかに関する考え方をいいますが、ふだんはあまり意識しないで仕事をしていると思います。しかし、意思決定などで迷った際には、その人の**価値観が結論を左右する**ことはよくあります。

議論する際にも、価値観の違いが最終的な争点になります。ふだんから関係者の価値観を知っておかないと、問題解決に時間がかかります。たとえば、企業においては「売上重視」と「利益重視」がぶつかり合うことがよくありますが、これはどちらも間違いではないため、その人の価値観がぶつかり合っているのです。

問題解決をスピーディーに行なうためには、その人のもっている価値観を、ふだんから認識しておくことが重要だということは、理解いただけるのではないでしょうか。

議論の相手の価値観を把握しているか

経営理念やビジョンが全社員にしっかりと浸透できている企業では、社員の価値観が似てくることがよくあります。同じ地域で育ち、同じ学校を卒業していても、入社した企業が違えば、その企業風土に染まって何年か経つと違う人間になっているはずです。

企業風土というのは、その人の価値観を醸成します。価値観が同じであるからこそ、問題解決も速くなるし、結論を実行するスピードも速くなります。言い換えれば、議論になったときに相手の価値観をすばやく理解しておかないと、解決は長引くということです。

◎問題解決力と価値観の関係◎

価値観とは、「善・悪」「好ましいこと・好ましくないこと」の価値を判断するときの根底となる、ものの見方のこと。

【価値観の違いとは】

「何を大切にしているのか＝物事のとらえ方／優先度の違い」

たとえば、「私が最も幸福を感じるのはどんなときだろうか」「人生で得られたいものは何か。お金か？ 平穏か？」など、人によってさまざまな考え方があります。ちなみに「価値観の違い」は、離婚の原因でもよく使われるフレーズです。

【人生や仕事における価値観の例】

家族と時をともにすることを大事にするのであれば、家族に価値観をもっているということです。

ほかには、「仕事」「本物志向」「忠誠」「忍耐」「尊敬」「バランス」「チームワーク」「冒険心」「美」「時間厳守」「思いやり」「勇気」「教育」「健康」「感謝」「ユーモア」「誠実」「愛」「神仏を敬う心」「お金」などが価値観の例として考えられます。

問題をうまく解決できる人は、**価値観の重要性を把握**できている人です。繰り返しになりますが、いくらいい手法を見つけてもその手法に価値を認める人が多くないと、その効果は限られます。

かつて私は、会議をスムーズに進める手法を学び、職場に導入しようとしたのですが、うまくいきませんでした。会議を短くするために使おうとした手法は、会議のメンバーには最後まで価値を認めてもらえませんでした。問題解決には価値観の力は大きいのです。

理想を現実にするために

品質管理手法は問題解決にも活用できる

２章では、企業の問題を解決するためには、企業や従業員の理想（あるべき姿・ありたい姿）と現実を明確にしていくことがカギになると説明してきましたが、現実を理想の姿にもっていく方法においても、**フレームワークを活用する**ことができます。

最もよく使われる方法は、成功者の真似をするやり方、失敗者のやり方をたどらないことなどであり、書店にはそのような指南書が多く並んでいますし、研修でも紹介されます。当然、このような先人の知恵にならうことは効果的な方法といえます。

しかし多くの人は、指南書などに頼らなくても、関係者と相談して計画を立てて実行していき、途中で経過を振り返りながら行動を修正しつつ完了にもっていくやり方を取っているはずです。これは、プロジェクトマネジメントといってよい方法で、情報を入手してうまくコントロールしながら成果を出すという考え方です。

品質改善に活用する「新ＱＣ７つ道具（ＰＤＰＣ法）」も、理想の姿をつくるための問題解決手法として使われることがあります。新ＱＣ７つ道具は、昔の手法と思われており、現実に教える人は少なくなっていますが、定性的な問題に対処するには簡単で効果的なツールです。その概要を右ページ図に示しましたが、50年以上前に開発された手法なので、豊富なデータが容易に手に入る現代においては時代感覚に合わない部分がないとはいえません。しかし、まだまだ応用できる伝統的な品質管理手法です。

本書では、多くの問題解決手法を紹介しています。これらの手法は、できる限り実践できるように工夫して紹介していますが、10分程度読んだだけで身につくわけではありません。２－８項で紹介し

◎PDPC法のフローチャート◎

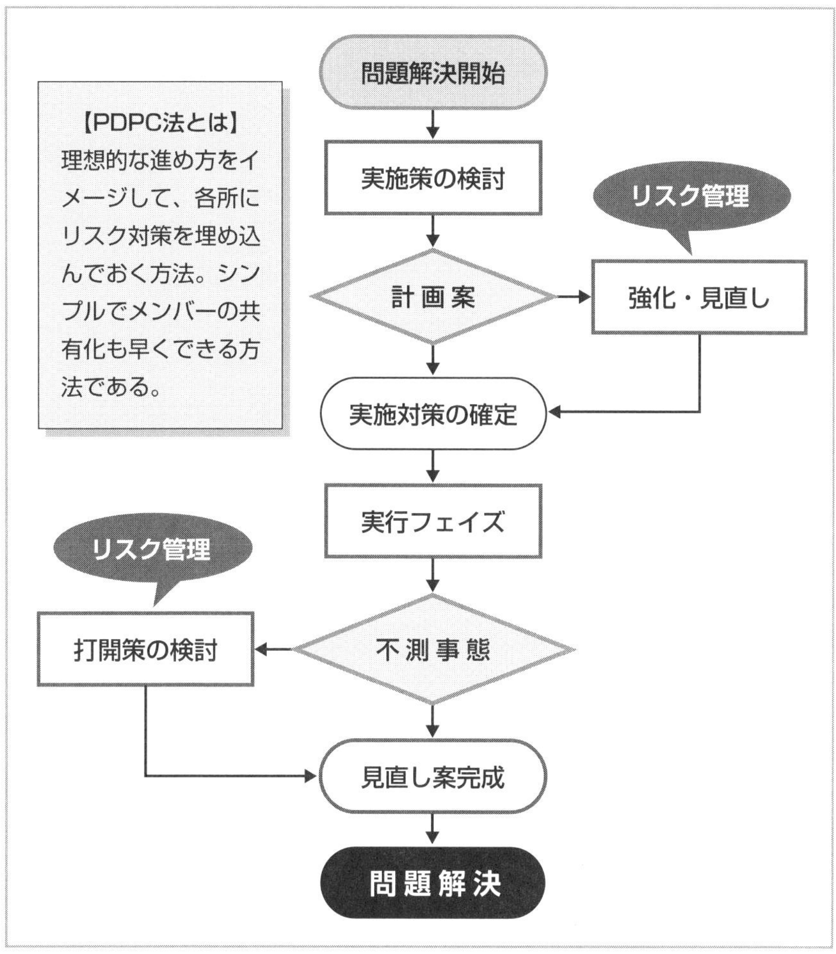

た心理分析手法にしても、自分はフリーチャイルドだと理解したうえで、どうなりたいかを明確にし、そうなるためには何をしなければならないのかを、メンターやカウンセラーに聞くなどして作戦を立てて実行しなくてはなりません。

自分に合った問題解決手法を実際に使うにしても、解決に至るまでには何か月も費やす必要があるでしょう。粘り強い姿勢で臨んでほしいと願っています。

「正しい問い」を探そう

2章では、問題解決におけるポイントとしての企業や人間の「あるべき姿」と「ありたい姿」について考えることをテーマとして解説しています。

ドラッカーの言葉に「重要なことは、正しい答えを見つけることではない。正しい問いを探すことである。経営において最もやっかいな問題は、間違った問題に正しく答えることだ」とあります。

さまざまなところで引用されているドラッカーらしい着眼点であり、私も多くの問題解決を考える際にその言葉が当てはまるシーンをいくつも思い出します。もっと早く知っていればと反省することもあります。

しかし経営者であっても、「正しい問い」を探すことはなかなか困難です。ましてや上司がいる部下の身分では、問い自体を選ぶことは難しいでしょう。問題が何であれ、とにかく「正しい答え」を見つける努力は修行だと思うしかないのかもしれません。

菩薩は、如来になることを目標に日々修行に励んでいる仏さまです。菩薩はとっても尊い姿をしていますから、私も思考を重ねて正しい答えを見つけることが重要なのだろうと納得しています。

そうは言っても、正しい問いを探すこと自体は重要な行動です。そこで、正しい問いかけというのは「どういったものだろう？　どうやって決めればいいのだろう？」ということの１つの回答として考えて２章を執筆しました。

企業の問題解決の根本として「企業のあるべき姿」をどのように表現しているのかと考えると、実にさまざまな形が見えてきます。

個々の企業には、個性のある社員がいて、独自性のある活動をしているはずです。そのような状況を整理して本章を参照すると、「正しい問い」が見つかるはずです。

3章

問題を抽出する論理的思考のしかた

Problem
Solving
Method

執筆 ◎ 坂田 康一

3-1 論理的思考のすすめ方

基礎編から応用編までいろいろな思考法がある

３章では、**論理的思考**の基礎として、「ＭＥＣＥ」「５Ｗ１Ｈ（６Ｗ２Ｈ）」「帰納法」「演繹法」を紹介していきます。特に、ＭＥＣＥはビジネスの現場でも多用されるので、必ず身につけてほしい考え方です。次の４章などでもたびたび登場します。

また、事象を整理したり構造化したりする場面で使える手法として、「ロジックツリー」「フィッシュボーン・ダイヤグラム」「因果関係ループ図」「２軸思考」を紹介します。頭のなかで考えたことを図の形にしてみることによって、事象間のつながりや関係性が明らかになり、問題点を発見したり、解決策を導き出したりする場面で役立てることができます。

フィッシュボーン・ダイヤグラムから導き出した複数の対応策について、優先順位をつける場合に２軸思考を用いるように、いくつかの手法を組み合わせた使い方も想定されます。

そのほか、事象を定量的にとらえる手法として、「相関分析」と「主成分分析」を取り上げています。活用シーンとしては、ロジックツリーでとらえた原因と結果の結びつきの強さを、相関分析を用いて定量的に示すような形も想定されます。

元のデータを解析したり、散布図のような形に落とし込んだりする部分はソフトウェアが担うので、数学に苦手意識がある人でもさほど恐れる必要はありません。

分析手法に対し、ある程度の知識や習熟は必要になりますが、出てきた結果をどのように解釈するかについては、直観力や想像力も問われます。基礎編で身につけた論理的思考法を駆使しながら、客観的データで説得力を持たせる手法にも取り組んでみましょう。

◎さまざまな思考法をグルーピングしてみると◎

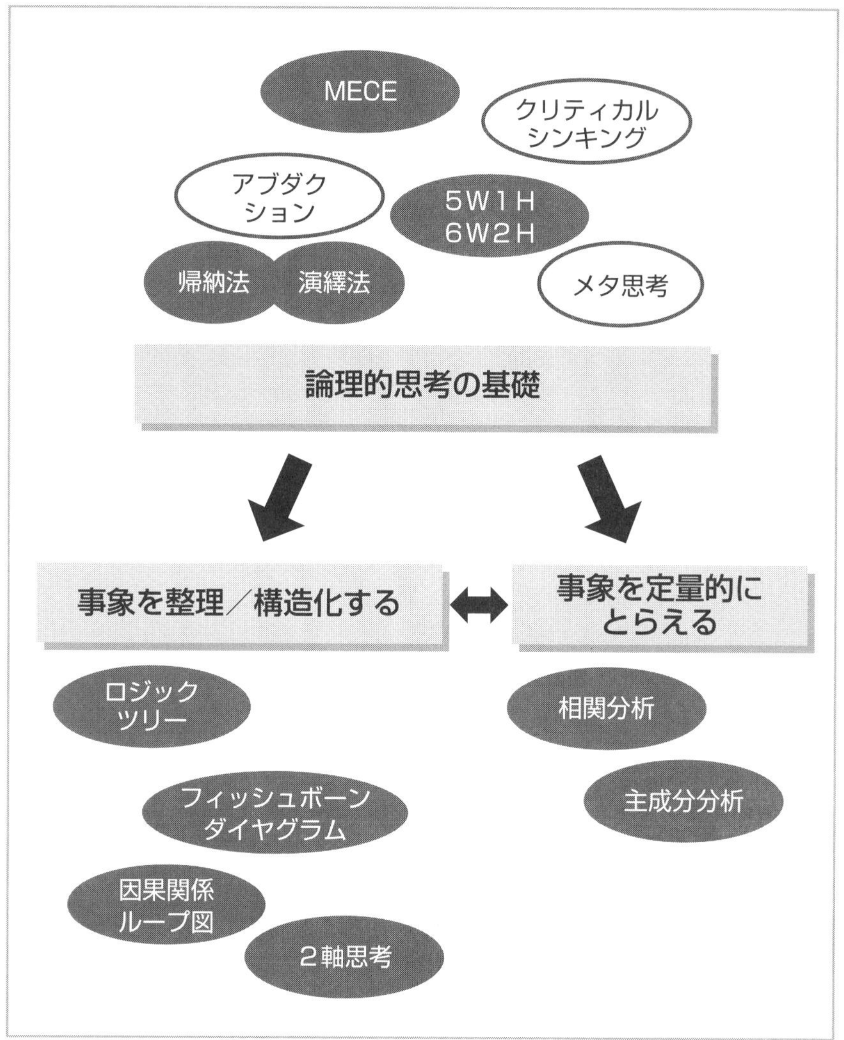

なお、本書で取り上げているもの以外にも、健全な批判精神で論理展開の精度を高める「クリティカルシンキング」、事実の背景まで推測して仮説を立てる「アブダクション」、自らの思考を俯瞰して内容を精査する「メタ思考」など、さまざまな思考法があります。これらも必要に応じて学んでみるとよいでしょう。

3-2 MECE

モレやダブりを解消する

「ＭＥＣＥ」は、Mutually（互いに）、Exclusive（重複せず）、and Collectivelly（集めると）、Exhaustive（隙間がない）の頭文字を取ったものであり、「モレなく、ダブリなく」という考え方を指します。問題点を洗い出したり、情報を収集したりするような場面では、モレ・ダブりがないように要素分解して整理することが重要になります。

【事例１】

世代ごとのニーズを探るためのアンケートを設計する場合に、「20～30代」「40～50代」「60～70代」という選択肢をつくると、19歳以下や80歳以上が抜け落ちてしまいます（モレあり）。

一方、「若者」「学生」「中高年」「高齢者」という選択肢を用意すると、20歳の大学生は若者と学生の２つに該当することになってしまいます（ダブりあり）。このケースでは、切り口の違う「学生」という選択肢が入っているだけではなく、選択肢の定義が曖昧（世代を区切る年齢がわからない）という問題もあります。

こうした状況に対し、年齢を細かく刻んで、「０～19歳」から「80歳以上」まで設定すれば、ＭＥＣＥの状態となります。

ただし、本当に10歳刻みの情報を収集すべきなのかについては注意が必要です。細分化しすぎると、情報の取扱いが面倒になったり、コストや時間がかかり過ぎたりする可能性もあるので、情報収集の目的を念頭に置いて、どのレベルまで掘り下げるべきかを見定めることが重要です。

◎モレやダブりが生じる◎

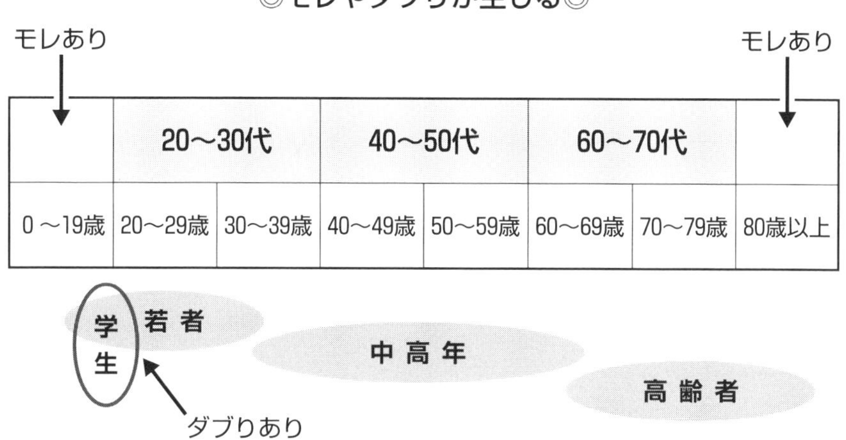

【事例2】

業績向上策を検討するために、売上高低迷の原因を探りたいと考えています。生産性の面から原因を追求する場合には、売上高を「従業員数」「従業員1名当たり売上高」のように要素分解していきます。

一方、マーケティング面に着目するのであれば、「客数」と「客単価」に分解します。さらに掘り下げる必要があれば、「客数」を「店舗数」と「店舗当たり客数」に分解することも考えられます。

各要素の掛け算で売上高が算出できるので、いずれもMECEの状態であり、原因を探るアプローチの違いにより、要素分解の切り口が変わることになります。

◎要素の分解パターン◎

<table>
<tr><td rowspan="3">売上高</td><td colspan="2">従業員数</td><td>従業員1名当たり売上高</td></tr>
<tr><td colspan="2">客数</td><td>客単価</td></tr>
<tr><td>店舗数</td><td>店舗当たり客数</td><td>客単価</td></tr>
</table>

3-3

5W1H／6W2H

5W1H、6W2Hとは

事象や情報を整理し、明確に述べていくためのポイントとなるのが「5W1H」です。When（いつ）、Who（誰が）、What（何を）、Where（どこで）、Why（なぜ）の5つのWと、How（どのように）を明示することによって、受け手に伝わりやすい形で内容を示すことができます。5W1HにWhom（誰に対して）とHow much（いくらで）を加え、6W2Hとすることもあります。

具体的な利用場面

会議の議事録を作成する場合、会話をそのまま書き起こすのではなく、6W2Hの観点から内容を整理していけば、明確でわかりやすい文書が出来上がります。また、企画書をつくる際に、6W2Hに沿って考えていけば、①目的（Why）、②期間（When）、③実施場所（Where）、④対象製品（What）、⑤ターゲット（Whom）、⑥実施方法（How）、⑦担当者（Who）、⑧予算（How much）といった形でストーリーを描きやすくなります。

6W2Hを使って考えるためのヒント

3行×3列で9つに区切ったシートを用意し、中心にテーマを記入できるようにしておくと便利です。テーマの周囲にある8つのマスを埋めていくことで、内容を掘り下げて考えることができます。

Whenのマスを例にとると、「時間」の観点から事項を整理することになり、準備期間、実行日、速度、頻度、順番など、さまざまな切り口が想定されます。各マスをどのように埋めていくかについては、右ページ下に示した切り口を参考にしてください。

◎6W2Hを活用するときに便利なシート◎

When	Who	What
How	テーマ	How much
Where	Whom	Why

観　点		切り口（例）
When	時間	準備期間、実行日、速度、頻度、順番
Who	人(主体)	企業、部門、担当者
What	事物	商品、サービス、コンセプト、問題点
Where	場所	地域、市場、分野、売場、販売チャネル、場面
Whom	対象者	年齢層、職業、収入
Why	理由	価値、意義、目的、背景
How	手段	技術、手法、プロセス、しくみ、媒体
How much	量	数量、金額、人数

3-4 帰納法と演繹法

思考は逆の流れをたどるが互いに補い合う思考法

「**帰納法**」は、個別の事象から全体の法則を導き出す考え方であるのに対し、「**演繹法**（えんえき）」は、法則に個別の事象を当てはめて結論を導き出す考え方です。つまり、両者の思考は逆の流れをたどっており、互いに補い合う思考法であるといえます。

【帰納法の事例】

健康茶Ｚを一定期間飲み続けたＡさんは、体脂肪率が減少しました。同年齢のＢさんとＣさんにも同様の効果が見られました。このように、具体的事例（Ａ、Ｂ、Ｃ）から「健康茶Ｚを飲み続けた」「体脂肪率が減少した」という共通項を抽出し、「健康茶Ｚを飲み続けると体脂肪率が減少する」という推論を導き出すのが帰納法です。このケースでは、具体的事例がＡさんだけではなく複数あることから、「効果がありそうだ」ということはいえそうですが、Ａさんと同年齢ではない人物にも効果があると言い切れるほどの説得力はありません。

帰納法は、“部分”の情報を集めて“全体”を推測する考え方なので、アンケート調査などで適切な範囲からある程度の数のサンプルを集めることにより、導き出された推論の説得力が高まることになります。

【演繹法の事例】

「Ｘを摂取すると体脂肪が減少する」という理論（大前提）に対し、「健康茶ＺにはＸが含まれている」という事象（小前提）を関連づけることより、「健康茶Ｚには体脂肪を減少させる効果がある」

◎演繹法と帰納法の違い◎

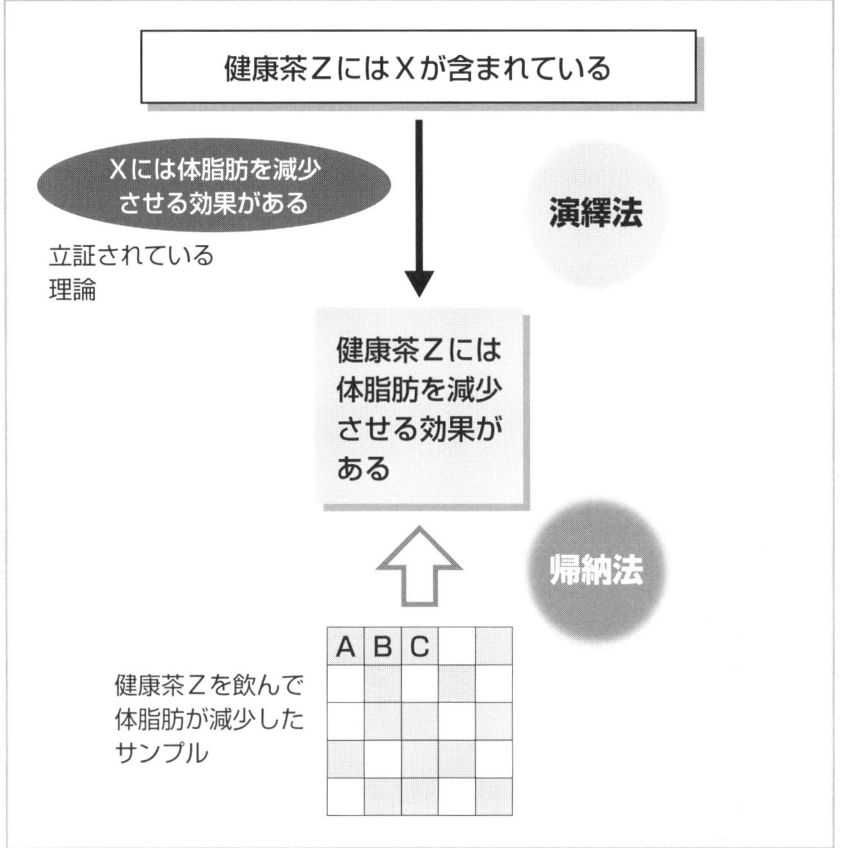

という結論が導かれることになります。このケースでは、大前提となる理論は正しいといえることが重要であり、大前提が間違っている場合にはロジックが崩壊してしまうことに注意が必要です。

演繹法によって導き出された「健康茶Ｚには体脂肪を減少させる効果がある」という結論は、多くの人に健康茶Ｚを飲んでもらう実証実験の結果を示すことで、さらに説得力を高めることができます。この「実験で収集したサンプルから効果を述べる」という論理展開は、帰納法の事例と同様であり、演繹法と帰納法が補完関係にあることを示しています。

3-5 ロジックツリー

問題の全体像が一覧できる

事象を要素に分解し、樹の形に整理していくのが「**ロジックツリー**」です。要素を考える際にＭＥＣＥ（３－２参照）を意識することにより、さまざまな要素から全体が構成されていることを一覧できる図が出来上がります。

ロジックツリーの代表的な使い方としては、①何が？（What）を繰り返して問題を特定する、②なぜ？（Why）を繰り返して原因を追求する、③どうする？（How）を繰り返して解決策を模索する、といった場面が想定されます。

【事例】

会社の売上高が低迷している原因を探る際に、売上高の構成要素を事業部や取扱商品に分解し、それぞれの傾向を見ていくことで、どこに問題があるのかを把握することができます。売上高が減少しているのが商品イと商品へであり、全社売上高に占める構成比が高い商品イのテコ入れが急務であることが判明したら、商品イの売上高が減少している原因を追求していきます。

商品イの売上高を顧客数と客単価に分解し、顧客数が減少しているのはリピートオーダーを取れていないのか？　新規顧客を獲得できていないのか？　といったように、原因を掘り下げていきます。原因を追求した結果、新規顧客の獲得が課題であることが判明したら、その解決策を模索していきます。

解決策を模索する際にも、各要素に対してどうしたらよいか？の問いを繰り返すことにより、打ち手を掘り下げていきます。

ただし、ＭＥＣＥにこだわるあまり、要素分解に時間をかけ過ぎ

◎ロジックツリーを使った原因追求のしかた◎

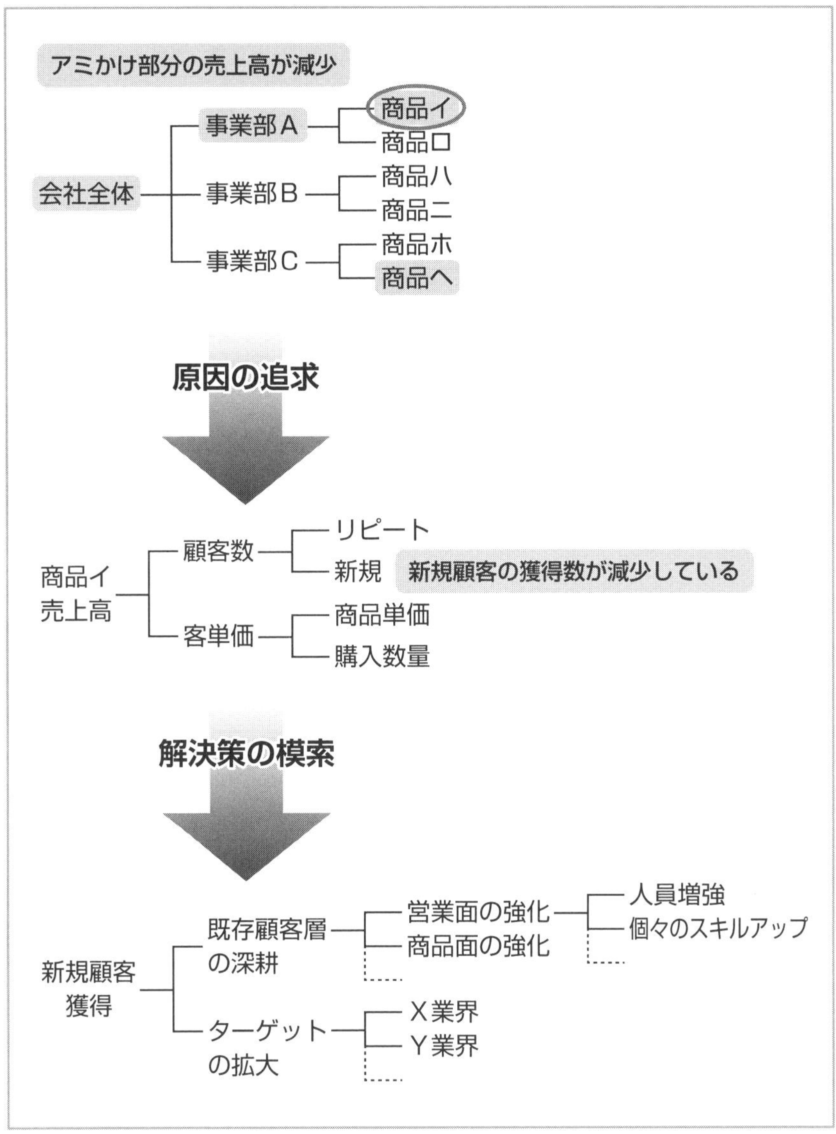

てしまわないよう注意する必要があります。上記の例でターゲットが無数に想定できる場合でも、現実的にアプローチできるのがX～Zの３業界なのであれば、それらについて対策を考えれば十分です。

3-6 フィッシュボーン・ダイヤグラム

特性の要因を大骨、小骨、孫骨と書き出していく

「フィッシュボーン・ダイヤグラム」は**特性要因図**ともいい、「特性」をもたらす要因を書き出して事象を図式化していくために用います。もともとは生産現場の改善のために考案されたものであり、特性＝品質上の問題点を引き起こす原因を究明していく際に活用されてきましたが、特性の部分に目標やあるべき姿を書き出し、そこに至るための策を検討していくような使い方も想定されます。

フィッシュボーン・ダイヤグラムを作成する手順は、以下のとおりです。

①問題点や目標などを右端に「特性」として書き出し、左から特性に向かって「背骨」を引く
②すぐに思いつく直接的な要因を「大骨」として書き出す
③大骨の要素を「小骨」として書き出す
④小骨の要素を「孫骨」として書き出す

生産現場では、Man（人）、Machine（機械・設備）、Method（方法）、Material（材料）の４Ｍをベースに大骨を考えるのが王道ですが、マーケティングで利用する場合には４Ｐや４Ｃで考えるなど（４－８参照）、定番の手法を使っていくと便利です。

もちろん、４つに限定しなくても問題ありません。また、すぐに思いつかない場合には、無理に孫骨を入れなくてもかまいません。後から出てきたアイデアをどんどん追記できるのがフィッシュボーン・ダイヤグラムの特長なので、あまり深く考えすぎず、思いついたものを書き出してみることが重要です。

右ページ図の事例では、サービス業における売上高減少の原因を探っています。忙しいばかりで成果が出ないことから従業員のモチ

◎フィッシュボーン・ダイヤグラムの作成例◎

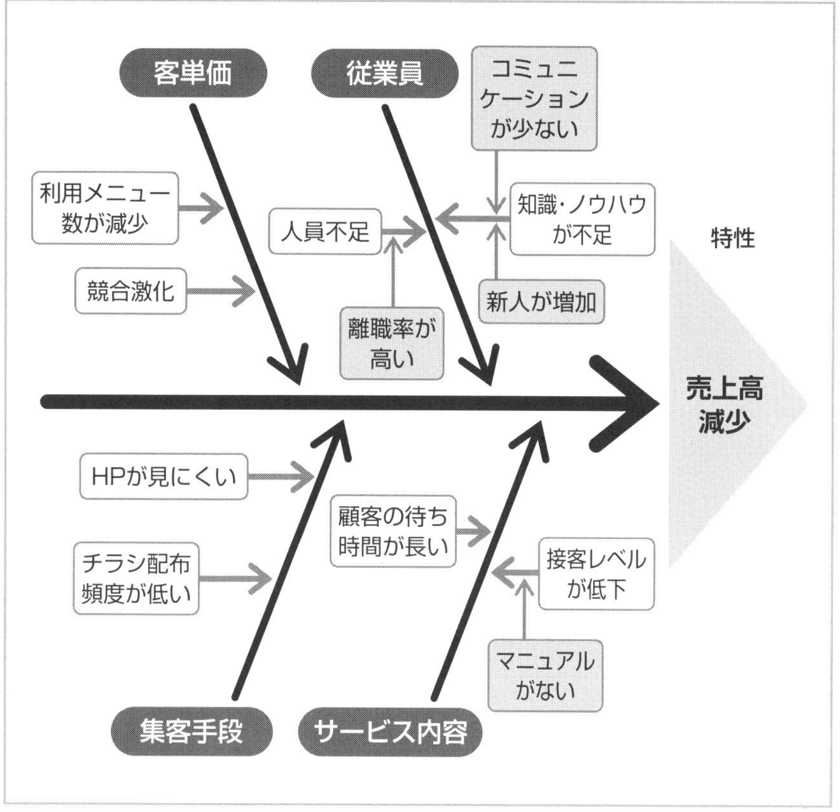

ベーションが低下しており、「定着率が低くなる→ベテランから新人にノウハウが継承されない→接客レベルが低下→売上高低迷→モチベーション低下」という負のスパイラルに入っています。

フィッシュボーン・ダイヤグラムを作成すれば、特性をもたらす要因をつかむことができますが、そこで終わりにするのではなく、対応策まで考えておくことが重要です。

この事例では、従業員間のコミュニケーション改善、マニュアル作成、従業員研修の実施などが対応策の候補となりそうです。複数の対応策に優先順位をつける必要がある場合には、２軸思考（３－８参照）を用いると便利です。

3-7 因果関係ループ図

原因と結果が循環する場合に有効

事象Ａと事象Ｂが「原因（Ａ）→結果（Ｂ）」という関係になっている場合には、ロジックツリーやフィッシュボーン・ダイヤグラムなどを用いることで構図は明らかになりますが、「Ａ→Ｂ」と「Ｂ→Ａ」がともに成立し、原因と結果が循環している場合には、構図を把握するために「**因果関係ループ図**」を作成します。

【事例】

鉄道の沿線を開発して住宅を供給し、人口増加を利用客増加に結びつけていくビジネスモデルでは、運賃収入の増加によって得られた利益を原資として、沿線のさらなる開発に投資していくことができます（図Ａ）。このように、好循環が繰り返される因果関係のループを**自己強化型ループ**と呼びます。

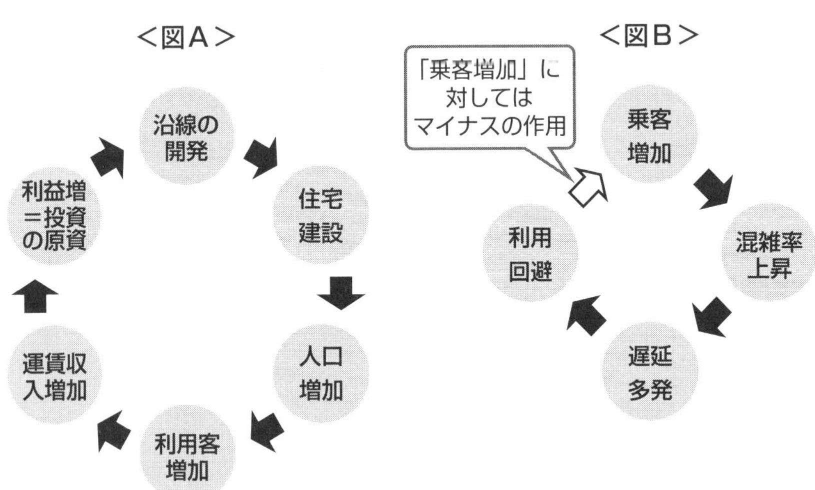

ただし、実際には利用客の増加によって混雑率が上昇し、遅延が多発するようになれば、利用が回避されてしまいます。つまり、図Bで示したように、「乗客増加」に対するマイナス要因が発生し、図Aの好循環が継続しないことになります。

<図C>

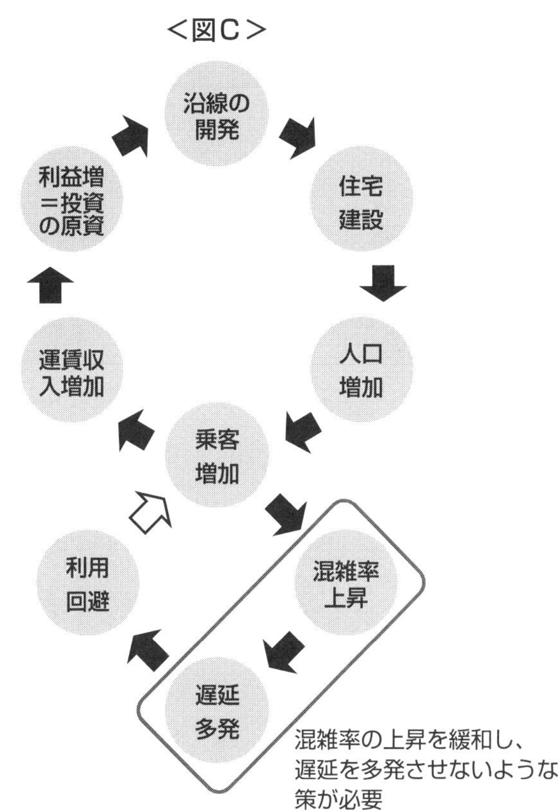

図Aと図Bを組み合わせ、図Cのような因果関係ループ図を作成することにより、問題点がどこにあるのかを把握することができます。この事例では、乗客が増加することによって混雑率が上昇し、それに伴って遅延が多発する事態に至らないよう、何らかの策を講じる必要性が浮かび上がることになります。

3-8

2軸思考

縦軸と横軸を十字形に交差させて４領域に区切る

「２軸思考」は、垂直方向（縦）と水平方向（横）の２つの軸を設定し、事象やアイデアを整理していく思考法です。２つの軸を十字形に交差させ、４つの領域で区切られた面に情報を配置することにより、各情報のポジションを俯瞰することができます。

使用例としては、顧客から要望を受けた項目のなかから、優先的に取り組むべき内容を決定するようなケースがあげられます。以下に示した図では、顧客から要望が多い項目＝効果が大きいととらえ、効果の大小を縦軸で評価しています。横軸では必要とされるリソース（費用や人員数など）が多いか少ないかを評価しています。

＜使用例①＞

「少ないリソースで大きな効果を得られる項目」
に対する取組みを優先

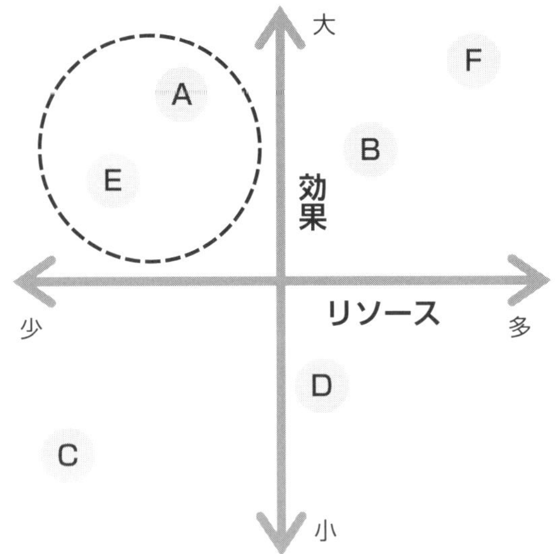

このように、要望を受けた項目を効果×リソースの２軸でとらえることにより、少ないリソースで高い効果を得られる取組みを見出すことができます。この手法は**ペイオフマトリクス**と呼ばれています。

ロジックツリー（３－５参照）の項で紹介した事例のように、売上高減少の原因を究明し、いくつかの解決策を見出していくようなケースでも、ペイオフマトリクスを用いて解決策に優先順位を設定していくことができます。

そのほかの使い方としては、戦術を検討する会議で出てきたアイデアを「攻めと守り」「対外的と対内的」といった２軸で可視化することにより、検討が足りない領域をあぶり出すこともできます。

<使用例②>

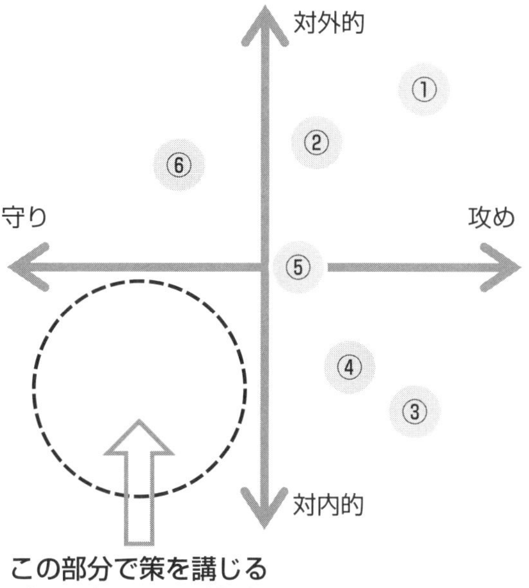

情報を２つの軸で整理するだけのシンプルな手法ですが、縦軸と横軸に何を取るかのアイデア次第で、さまざまな場面に応用できます。本書ではＳＴＰ分析（４－７参照）において市場を細分化する際にも２軸思考を用いています。

3-9 相関分析

散布図にデータをプロットしていく

２つの項目のデータ（変量）を比較する際に、「一方が増加すればもう一方も増加する」といった関係になっていれば、それら２項目は相関関係にあるといえます。この「増加→増加」の場合は正の相関関係があり、「増加→減少」の場合には負の相関関係があるということになります。

相関関係の強弱を見極めるのが「**相関分析**」であり、ロジックツリー（３－５参照）でとらえた「顧客数減少（原因）→商品売上高減少（結果）」のような因果関係の強さを、相関分析によって定量的に把握することができます。

相関の強弱を把握する際には、**相関係数**を算出します。Excelに入力されたデータに対し、CORREL関数を使えば簡単に値が求められます。相関係数は－１から１の間で値を取り、１に近づくほど強い正の相関、－１に近づくほど強い負の相関があることを示します。０に近づけば相関は弱いということになります。

相関係数を算出したデータを**散布図**の形にすれば、相関の強弱を視覚的にとらえることができます。散布図もExcelのグラフ機能で簡単につくることができます。

右ページに示した散布図では、横軸を価格、縦軸を販売数として製品ごとのデータをプロットしています。相関係数は－0.88230であり、価格が高いほど販売数は少ないという強い負の相関があることを示しています。ただし、データのうち一部分だけを選抜してしまうと、相関を見い出せなくなることがあります。これを**選抜効果**といいます。何らかの基準で限定した範囲を見るのではなく、全体を見ないと傾向がつかめない場合もあることには注意が必要です。

◎散布図のつくり方◎

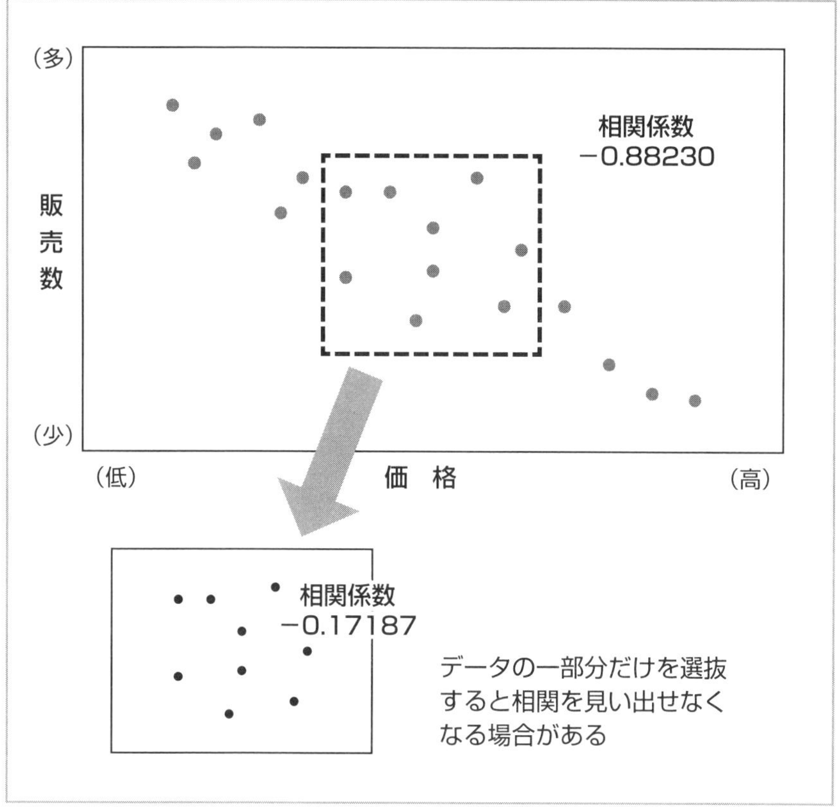

一方、明確な相関が見い出せない場合に、何らかの基準でグループ分けを行なうと、グループのなかで相関が見られる場合もあります。異なる性質のグループAとグループBが混在する状態で、グループ（層）に分ければ相関が見い出せるようなケースであり、データから何らかの傾向を読み取るために、そうした**層別相関分析**が用いられることもあります。

なお、本来はXとYの間に相関がなくとも、ZとX、ZとYに相関があることで、XとYに相関があるように見えてしまう場合もあります。これを**疑似相関**といい、データのみに惑わされないよう注意が必要です。

3-10 主成分分析

分析結果のデータをどのように解釈するかがカギ

「**主成分分析**」は、多変量データを統計的に解析する手法の1つであり、データを要約して特徴をつかむことができます。

たとえば、芸能プロダクションがオーディションを実施し、演技、歌、ダンス、ものまね、一般常識、容姿などのさまざまな側面から評価を行なうような場面において、タレントとしての総合力に加えて、舞台系やテレビバラエティ系といった適性も把握できるようなイメージです。

分析自体は統計ソフトを用いるケースが多く、解析の過程を把握しておかなくても問題はありませんが、結果として出てきたデータをどのように解釈するかについてはある程度の知識が必要です。

アウトプットされた主成分得点は**散布図の形**で示し、データの位置関係からどのような分布になっているかを読み解きます。多くの場合、第一主成分は「総合的な評価」ということになりますが、第二主成分以降がどのような意味を持つのかについては、分析を行なう担当者の解釈に委ねられます。

右ページに示した飲料の事例では、炭酸飲料とミネラルウォーターの一部が第二主成分の軸で上に位置することから、この軸を「爽快感」と解釈しています。

分析でアウトプットされる主成分は2つに限定されるわけではなく、第三主成分以降についても必要に応じて解釈を行ないます。

どの主成分まで解釈する必要があるのかはケース・バイ・ケースですが、**固有値**と**寄与率**を参照するとよいでしょう。固有値は各主成分が含んでいる情報の大きさを示す指標であり、固有値が1以上ある主成分は、元のデータとの関連が強いと考えられます。寄与率

◎主成分分析の使用例◎

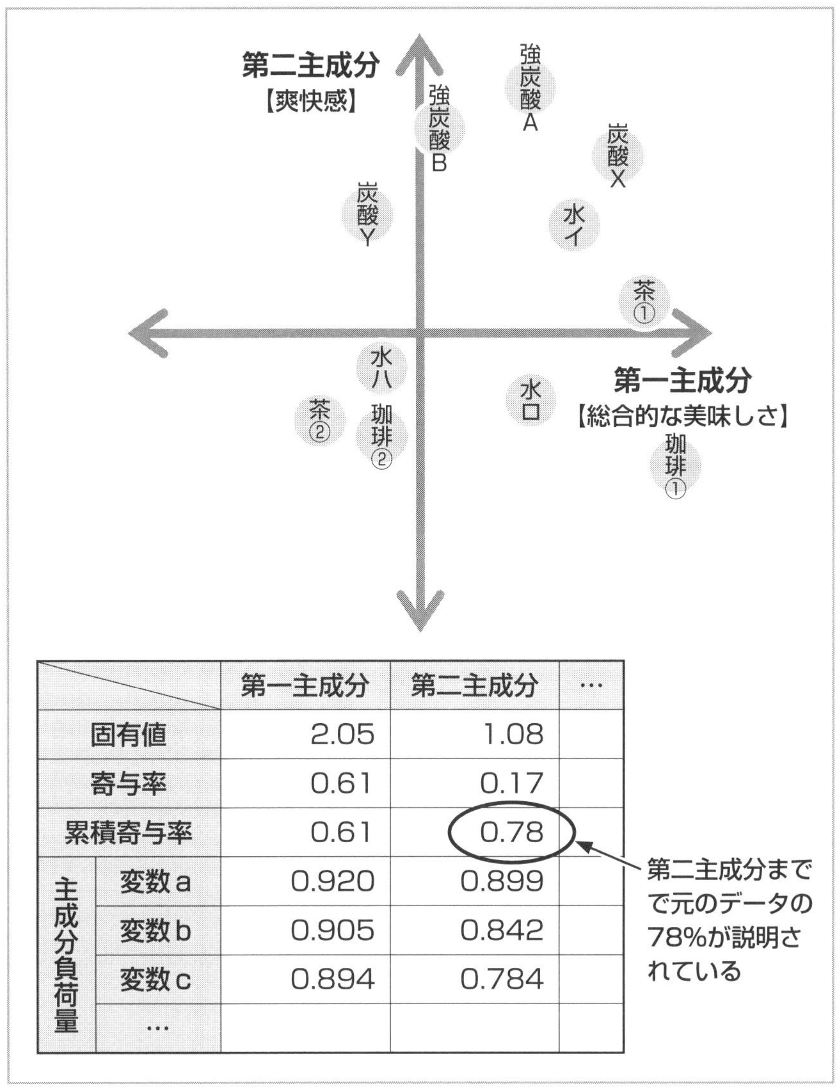

		第一主成分	第二主成分	…
固有値		2.05	1.08	
寄与率		0.61	0.17	
累積寄与率		0.61	0.78	
主成分負荷量	変数a	0.920	0.899	
	変数b	0.905	0.842	
	変数c	0.894	0.784	
	…			

は、当該主成分で元のデータのどこまでを説明できるかを示しており、累積寄与率が80％であれば、元のデータの80％を説明できていることになります（逆にいえば、20％の情報は取りこぼしていることになります）。

フェイス・トゥ・フェイス

インターネット通販を利用することが多くなり、家電量販店で買い物をする機会はほとんどなくなりましたが、店員の評価を聞きたくなった製品Xがあったため、久しぶりに足を運んでみました。

そこで得た情報も参考にしてＡ社の製品を購入することに決め、改めて家電量販店に出向いたところ、購入手続きを担当してくれたのはＢ社から派遣された販売員でした。伝票処理の合間に、他社製品を販売する際の苦労など、現場の実態について少しだけ話を聞くことができました。

その後、配送処理を待つ間に商談スペースに座っていたところ、製品Ｙの営業担当者が現われました。伝票とともに記入したアンケートにもとづいて関連商材を案内することになっているようです。インターネット通販でのレコメンドには慣れていますが、手書きの情報をすぐさま現場で活かすアナログなクロスセル手法に出会い、新鮮な思いがしました。

デジタルテクノロジーの進展についていえば、ＶＲで海外旅行を体験できるようになっており、匂いや気候なども合わせてリアルに感じられるような試みが見られます。とはいえ、思いがけない出会いや心の交流は、実際に行ってみないと生まれないのではないでしょうか。随分前に現地でお世話になったベトナムの方は、“ご縁”の説明をして記念に差し上げた五円玉を、いまも大切に持ってくれているようです。

こうした体験を踏まえ、コンサルティングの現場では「チャットやビデオ会議などのツールを駆使して、コミュニケーションの効率化を図る一方で、フェイス・トゥ・フェイスも大事にしましょう」といった話をすることもしばしばです。

ＩＣＴで世の中は便利になり続けていますが、現場に足を運んで雰囲気を肌で感じ、ナマの情報を得ることの重要性も見落とさないようにしたいものです。

4 章

ビジネスフレームワークを活用した問題解決法

Problem
Solving
Method

執筆◎坂田 康一

4-1

ビジネスフレームワークの活用

ビジネスフレームワークにはさまざまな分析手法がある

「問題が発生している」ということは、理想と現実がかけ離れている状態を指しており、問題に対して解決策を講じていくプロセスは、あるべき姿と現状のギャップを埋めていくことを意味します。

したがって、まずは現状とあるべき姿の位置関係をきちんと把握し、そのうえで道筋を検討していくことになりますが、ゼロベースで考えるためにはかなりの時間を要するので、**フレームワークを活用して解決策を導き出すのが合理的**です。

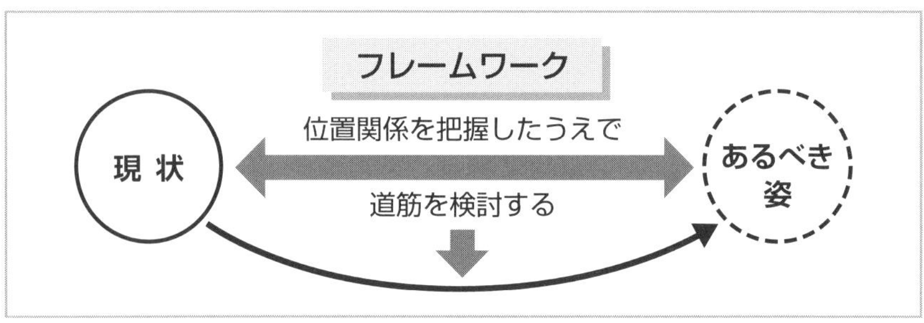

解決策を導き出すために利用できるフレームワークにはさまざまなものがありますが、４章では、①ＰＥＳＴ分析、②ファイブフォース分析、③バリューチェーン分析、④ＶＲＩＯ分析、⑤３Ｃ分析、⑥ＳＷＯＴ分析、⑦ＳＴＰ分析、⑧４Ｐ分析、⑨ビジネスモデルキャンバス、⑩ＡＡＲＲＲ、⑪パレート分析を紹介します。①～⑤の環境分析で得た情報を⑥で整理し、⑦で大きな方向性を定め、⑧で各論を検討するという流れを想定しています。

また、環境分析を行なって立案した戦略を具体化する段階において、収益を意識して情報を整理するフレームワークの１つとして⑨を提示しています。加えて、顧客の購買行動に応じた施策を考える

◎環境分析から始めるビジネスフレームワークのいろいろ◎

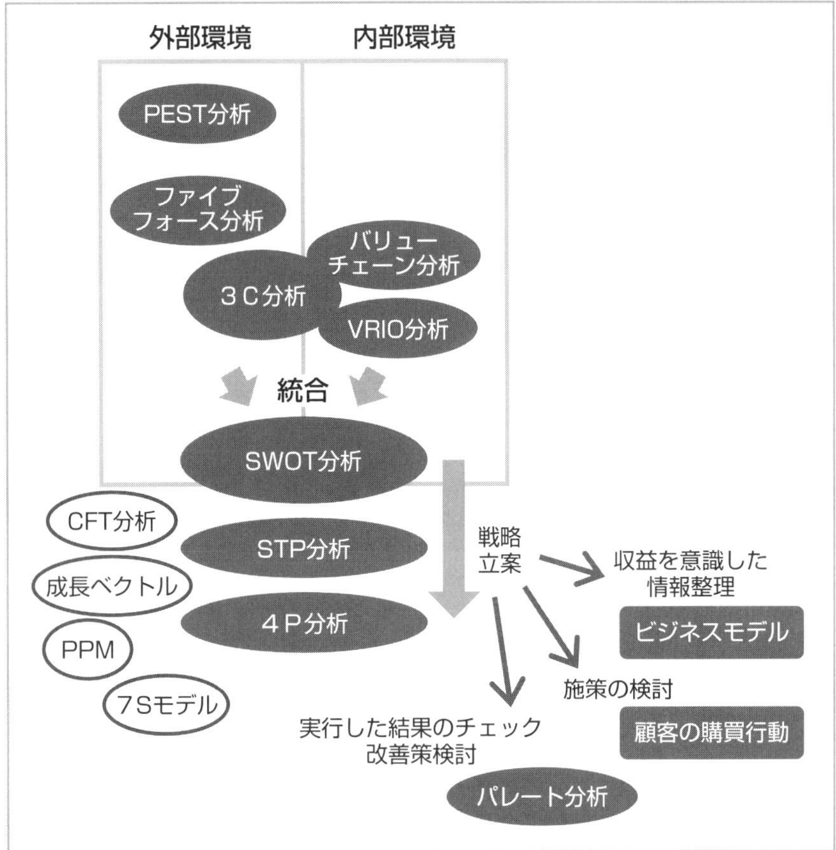

ためのフレームワークとして⑩を紹介しています。そのほか、実行の結果として得られたデータをチェックし、改善策を検討することを念頭に置いて⑪にも触れています。

なお、本書で触れているもの以外にも、ドメイン策定／再定義に用いる「ＣＦＴ分析」、どのような方向で成長を確保していくかを検討する「アンゾフの成長ベクトル」、複数事業間の資源配分を検討する「ＰＰＭ（プロダクトポートフォリオ・マネジメント）」、組織の全体像と要素間の連携をとらえる「７Ｓモデル」など、さまざまなフレームワークがあります。利用目的、頻度、使い勝手などを踏まえて、いくつかマスターしておくとよいでしょう。

4-2 ＰＥＳＴ分析

政治、経済、社会、技術の４分野の要因を探る

「ＰＥＳＴ分析」は、企業を取り巻く外部環境をマクロな視点でとらえるフレームワークです。企業が直接コントロールできないものでありながら、活動に大きな影響を及ぼす要因を、Politics（政治）、Economy（経済）、Society（社会）、Technology（技術）の４分野で整理していきます。項目を列記するにとどまらず、なぜ自社に影響を及ぼすのか？　どの程度の影響があるのか？　どのような影響があるのか？　といった点について、掘り下げて考えていくことが必要です。

◎ＰＥＳＴ分析のしくみ◎

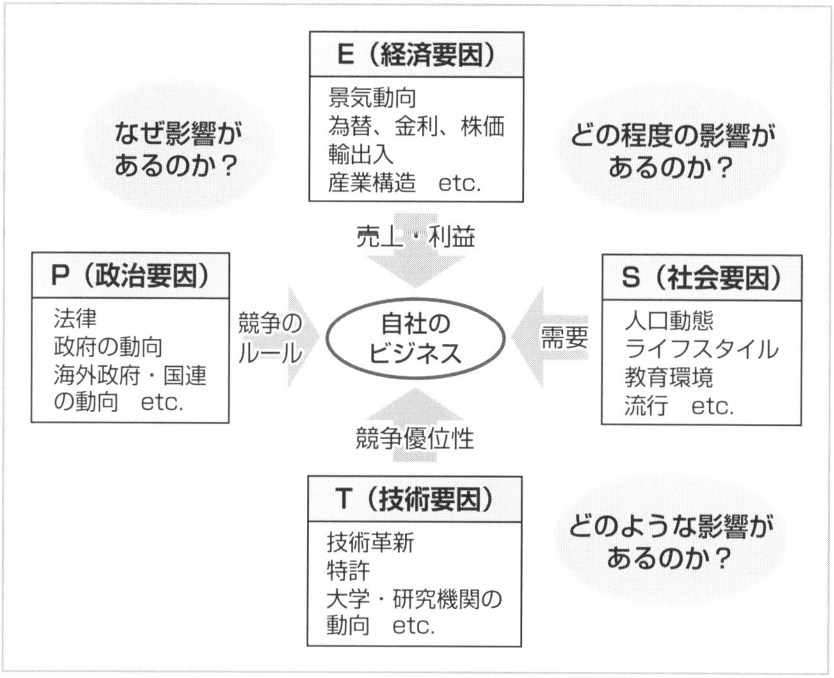

E（経済要因）
景気動向
為替、金利、株価
輸出入
産業構造　etc.

なぜ影響があるのか？

どの程度の影響があるのか？

売上・利益

P（政治要因）
法律
政府の動向
海外政府・国連の動向　etc.

競争のルール

自社のビジネス

需要

S（社会要因）
人口動態
ライフスタイル
教育環境
流行　etc.

競争優位性

T（技術要因）
技術革新
特許
大学・研究機関の動向　etc.

どのような影響があるのか？

◎自動車業界のＰ・Ｅ・Ｓ・Ｔの要因◎

Ｐ （政治要因）	●環境規制の厳格化 ●中国政府によるＨＶ・ＮＥＶの優遇政策 ●日米政府の関税交渉 ●自動運転に関わる法整備
Ｅ （経済要因）	●中国景気の減速 ●インド、タイ、インドネシアなどの市場における新車販売減少 ●自動車メーカー各社の資本・業務提携
Ｓ （社会要因）	●所有から共有への意識変化 ●ライドシェアリングサービスの台頭 ●高齢者ドライバーの事故増加
Ｔ （技術要因）	● AI ●5G ● AR・VR ●車載用電池 ●ワイヤレス給電

【事例】

100年に一度の変革期を迎えているといわれる自動車業界においては、さまざまな環境変化が起きており、上表のようにさまざまな要因があげられます。

市場動向のキーワードとしては、CASEやMaaSのようなものもあげられますが、これらはＰＥＳＴの複数分野にまたがる要因で構成されており、CASEの一要素である自動運転についても、技術面の他に法整備も関わってきます。

これらのキーワードをどのようにとらえるかについては、以下の注意点を踏まえておくことが重要です。

＜注意点＞

外部環境要因は多岐にわたりますが、可能な限り多くの情報を集めて正確に分類するのがＰＥＳＴ分析の目的ではありません。３章で述べている論理的思考法や事象の整理・構造化手法を駆使しながら、自社に与える影響度の大きさを考慮し、重要なものを抽出することに留意しましょう。

4-3 ファイブフォース分析

業界内の競争状態を５つの力でとらえる

ＰＥＳＴ分析よりもミクロな視点にもとづき、事業環境を分析するフレームワークが「**ファイブフォース分析**」です。業界内の競争状態を５つの力（Forces）でとらえていくものであり、以下の1～5の観点で整理して「業界全体の収益性に影響を及ぼす要素」を洗い出すことにより、自社にとっての機会と脅威が明らかになります。

1 業界内の競合関係

自社が属している業界の競合が激しければ、収益性の観点からは魅力が乏しい業界ということになります。競合が激しい業界には、①同じくらいの規模の競合企業が多く存在する、②成長率が低迷している、③業界内での差別化が困難、④固定費が高いコスト構造、⑤撤退が困難、といった特徴があるので、これらの視点で業界をチェックし、自社にどの程度の影響を及ぼすのかを検討しましょう。

2 新規参入の脅威

新規参入が容易な業界であれば、競合の激しさに拍車がかかることになります。逆に、①規模の経済（大量生産しなければ競争力を維持できず、体制整備にコストがかかる）、②製品の差別化（認知度アップのために広告宣伝費が必要）、③顧客が仕入先を変更する際のコスト発生、④流通チャネル確保、⑤その他のコスト面の不利（例：技術使用料、既存企業よりも不利な調達条件）、⑥政府の規制、といった参入障壁がある場合には、競合激化が抑制されることになります。

◎5つの力とPESTの関係◎

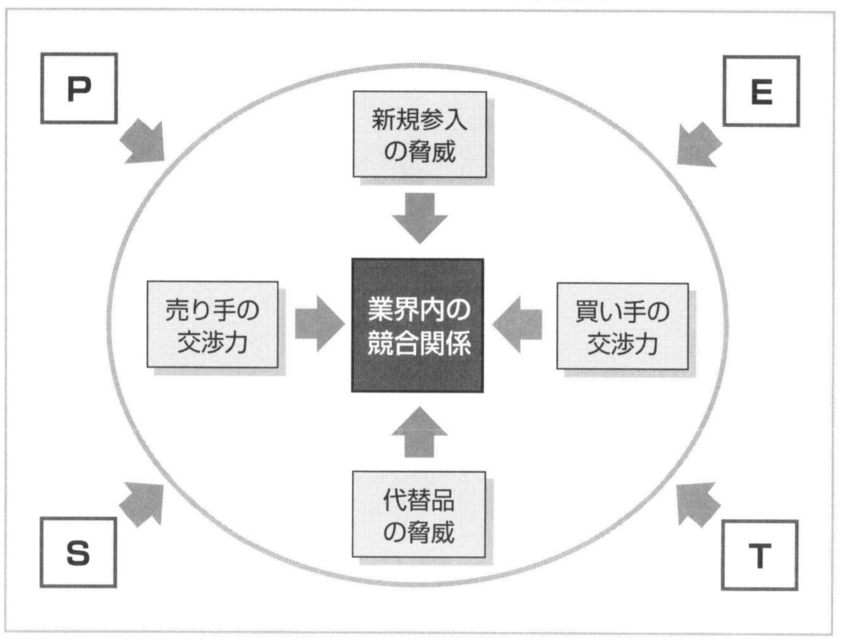

3 代替品・代替サービスの脅威

既存の商品・サービスと同等の機能を持つ代替品があれば、業界の魅力は低下することになります。「コンパクトデジタルカメラ→スマートフォン」のような代替事例があげられます。

4 売り手（サプライヤー）の交渉力

原材料メーカーなどの売り手の力が強い場合には、仕入価格の交渉で不利な条件を強いられることになります。パソコン業界にとってのＣＰＵメーカーのような例があげられます。

5 買い手（顧客）の交渉力

買い手側が商品・サービスに関して豊富な情報を持っていたり（例：価格比較サイト）、商品・サービスに差別化ポイントが乏しかったりする場合には、売価設定で不利な立場とならざるを得ません。

4-4 バリューチェーン分析とVRIO分析

企業活動の強み・弱みや競争優位性を分析する

企業の内部環境を分析する際に、企業の活動を機能別に分解して検討していくのが「**バリューチェーン分析**」です。企業の活動を、顧客に対して価値（Value）を提供するための機能の連鎖（Chain）ととらえ、**どの部分に強み・弱みがあるか**を明らかにしていくものです。

顧客に対して直接的に価値を提供する機能を「主活動」、主活動を支える機能を「支援活動」とし、主活動を購買物流、製造、出荷物流、販売・マーケティング、サービスの５つ、支援活動を全般管理（インフラストラクチャー）、人材資源管理、技術開発、調達の４つに区分して分析するのが基本です。ただし、業界の特性に即して自社と競合企業の強みと弱みを把握するのが重要であることを念頭に置き、企業活動をＭＥＣＥに分解できていれば、基本区分にこだわる必要はありません。

◎バリューチェーン分析のしくみ◎

支援活動	全般管理（インフラストラクチャー）				
	人材資源管理				
	技術開発				
	調　達				
主活動	購買物流	製　造	出荷物流	販売・マーケティング	サービス

企業活動をMECEに分解し、どの部分に強み・弱みがあるかを明らかにする

◎ＶＲＩＯ分析のしくみ◎

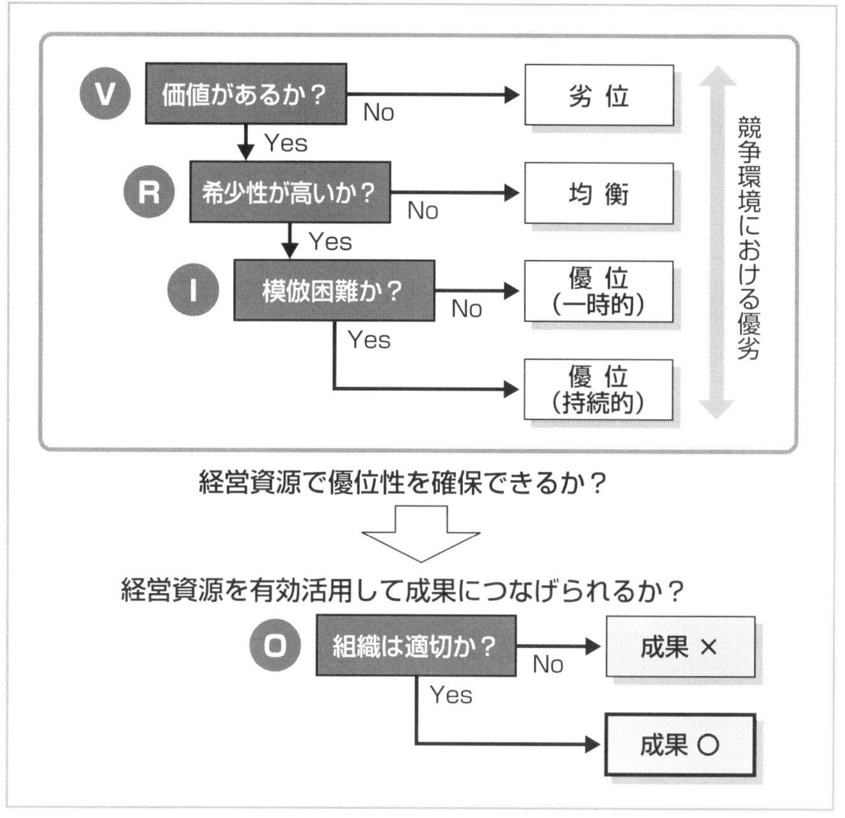

一方、**経営資源が競争優位性をもたらすか否か**に注目し、Value（経済価値）、Rarity（希少性）、Inimitability（模倣困難性）、Organization（組織）という視点で分析を行なうのが「**ＶＲＩＯ分析**」です。手順としては、Ｖ、Ｒ、Ｉの３つで経営資源の優位性を評価したうえで、その資源を有効活用していくのに適した組織（O）になっているかをチェックしていきます。

＜注意点＞

価値の有無を分析する際には、自社の主観だけで判断するのではなく、顧客の評価のような客観的な意見を踏まえたいところです。これは、他の分析手法で優位性や強みをあげる際にも同様です。

4-5

3C分析

市場で成功した要因は何か

Customer（顧客）、Competitor（競合企業）、Company（自社）の３つの視点で市場をとらえていくのが「**３Ｃ分析**」です。分析に際しては、当該市場での成功要因（ＫＦＳ＝Key Factor for Success）を導き出すことに主眼を置きます。

まずは市場の概要を踏まえたうえで、顧客と競合企業の視点による外部分析によってＫＦＳをとらえます。次いで、自社の強みとＫＦＳとの整合性やギャップを把握することにより、どのような策を打つべきかを検討します。

◎３Ｃ分析のしくみ◎

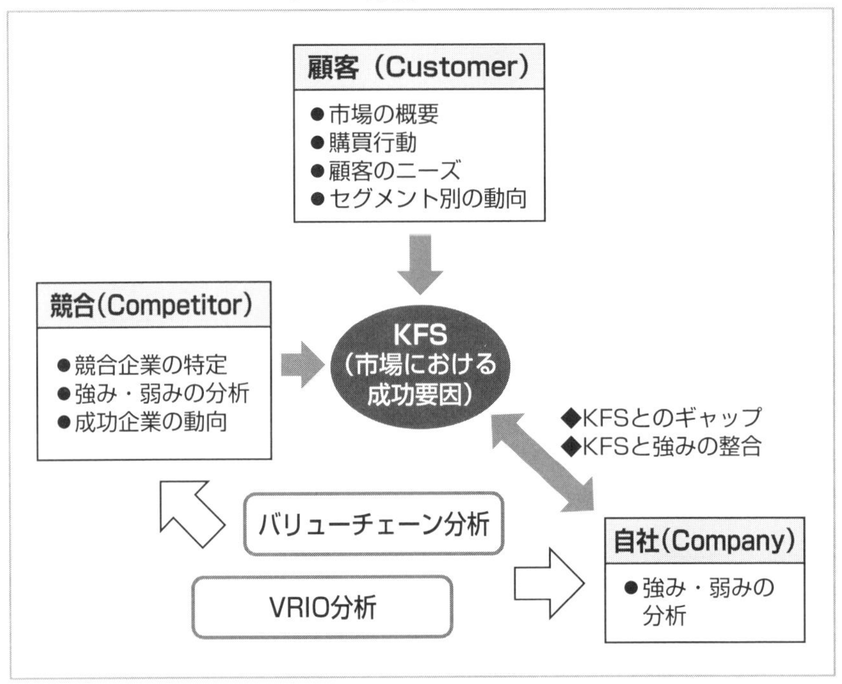

◎競争優位を確保できるフィールドの見つけ方◎

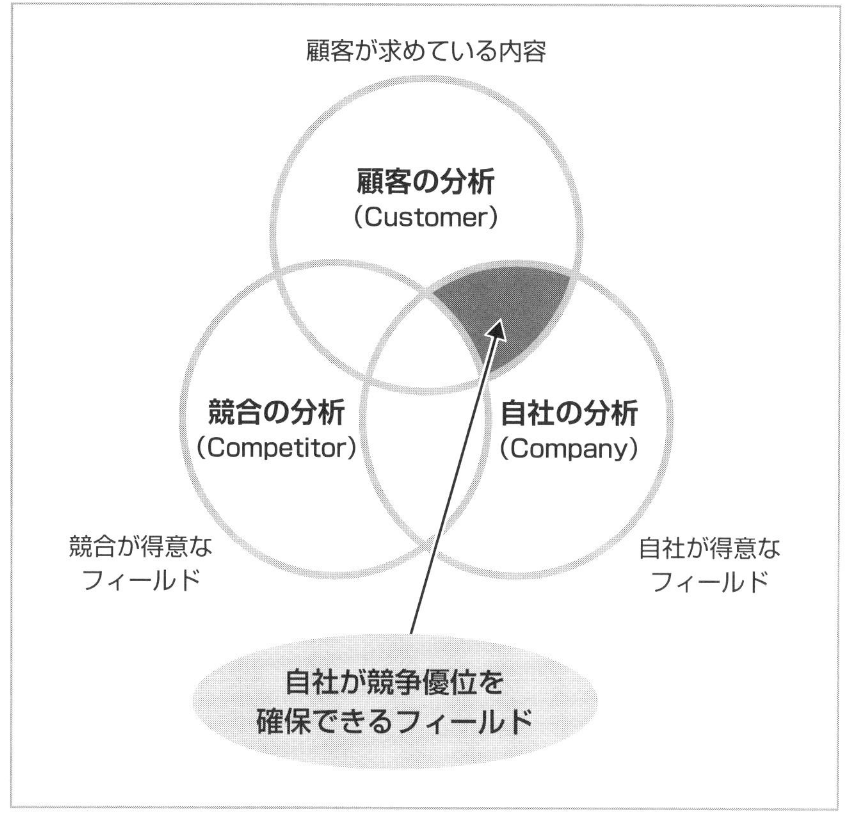

競合企業や自社についての分析を行なう際には、バリューチェーン分析・ＶＲＩＯ分析（４－４参照）を用いると便利です。

<注意点>

３Ｃ分析を行なううえで意識しておきたいのは、①顧客が求めており、②競合が得意ではなく、③自社が得意なフィールドはどこなのか、ということです。すなわち、自社が競争優位を確保できるフィールドを発見することです。顧客の購買行動や競合企業の状況など、分析に必要な情報を収集することにとらわれ過ぎず、「どのような策を打つべきか」を見出すことに意義があることを忘れないようにしましょう。

4-6 SWOT分析

強み、弱み、機会、脅威の４区分から分析する

自社（あるいは事業など）を取り巻く環境を、内部にあるStrength（強み）・Weakness（弱み）と、外部にあるOpportunity（機会）・Threat（脅威）の４区分で把握するためのフレームワークが「**ＳＷＯＴ分析**」です。

ＰＥＳＴ分析（４－２参照）やファイブフォース分析（４－３参照）などでとらえた外部環境と、バリューチェーン分析やＶＲＩＯ分析（４－４参照）などでとらえた内部環境を統合し、自社がとるべき策を検討する際に用います。

ＳＷＯＴの各要素を整理したら、以下の４点について検討を行ないます。右ページ表に示した事例のように、**クロスＳＷＯＴ分析**の形にしてアイデアを出してみるとよいでしょう。

①強みを活用できる機会はあるか、どのような形で活用すればよいか

②強みで脅威を回避できないか

③弱みで機会を取りこぼさないための対応策を講じられるか

④弱みによって脅威が現実のものとなってしまう事態を避けられる手段はあるか

＜注意点＞

強みと弱みは表裏一体であり、環境の変化に応じて強みから弱みに変わってしまうことがあります。実店舗販売で強固なチャネルを築いてきたが、ネット通販の隆盛によって販売力が低下しているようなケースです。また、「製品が豊富な機能を持つこと」を社内で強みと認識しているのに対し、顧客側では「機能が多すぎて操作がわかりにくい」ととらえているなど、立場によって見え方が違う場

◎ＳＷＯＴ分析のしくみ◎

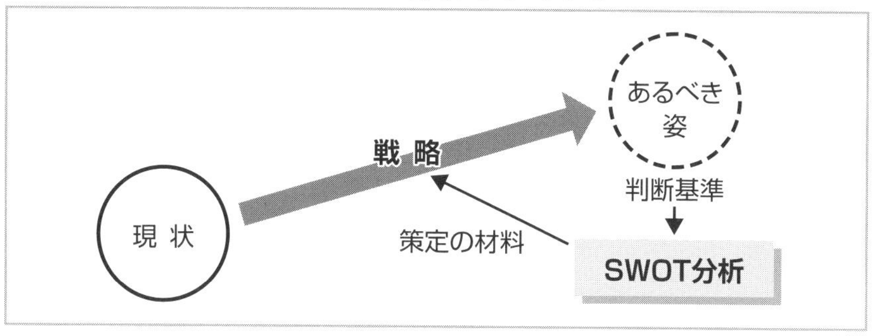

◎クロスＳＷＯＴ分析の例◎

《小規模飲食店の事例》	S（強み） ●人気店で習得した調理技術 ●間接費が低い ●接客に優れる店員	W（弱み） ●店舗面積が小さく、席数が少ない ●資金力に乏しい
O（機会） ●オフィス街に近い ●隣接地に大学がある ●中食市場の拡大	【基本的な方向性】 安くてボリューム感のある食事の提供	【店舗以外での可能性】 テイクアウトメニューを考えられないか？
T（脅威） ●大手飲食チェーンの進出計画がある ●慢性的な人材不足	【大手への対抗策】 個々の客の好みを把握して固定ファンを獲得できないか？	【低コストの人材採用】 大学のサークルを通じて安定的にアルバイトを確保できないか？

合もあります。このような場合には、同業他社との比較を判断基準にしてみるのも一策です。さらに進めていえば、ＳＷＯＴ分析は戦略策定のための１つの手段であり、あるべき姿や進むべき方向性を見据えたうえで分析を行なうことが重要です。

「技術力に優れる半面で製造コストが高い」という企業は、ハイエンド市場にターゲットを絞れば強みを発揮しやすくなりますが、全世界No.１をめざすのであれば、高コストという弱みに対して策を講ずる必要性が出てきます。

4-7 ＳＴＰ分析

優位性をもって戦うためにはどうしたらよいか

Segmentation（セグメンテーション）、Targeting（ターゲティング）、Positioning（ポジショニング）の３点を検討することにより、有望な市場で自社製品が優位性をもって戦っていくための方向性を見出すのが「ＳＴＰ分析」です。

市場の細分化（S）によって同質なニーズを持つ顧客グループに分類したうえで、細分化したグループのなかからどの部分を狙うのか（T）を決定し、狙いを定めたターゲットに対する自社の立ち位置（P）を明確にしていくことにより、競合企業との差別化ポイントを見極めることができます。

市場を細分化する切り口としては、地理的変数（地域、気候など）、人口動態変数（年齢、家族構成、職業など）、心理的変数（ライフスタイル、パーソナリティなど）、行動変数（利用頻度、選択基準など）があげられます。右ページの図に示したように、２軸思考（３－８参照）にもとづいて細分化を行ない、セグメントに名称をつけてみましょう。

商材のターゲットが家庭用と業務用に大別され、家庭用が自家用とギフト用に分かれるような場合には、ロジックツリー（３－５参照）を応用してセグメントツリーをつくってみてもよいでしょう。

細分化を実施したら、以下の４Ｒに従ってセグメントを評価してみます。

- Rank（優先順位）…自社にとって重要度が高いか
- Realistic（規模の有効性）…売上高・利益高を十分に確保できるだけの規模があるか
- Reach（到達可能性）…当該セグメントの顧客に対し、製品やサ

◎2軸でのセグメンテーション◎

高価格
ファミリー
単身者
低価格
おひとり様のご褒美

◎セグメントツリー◎

家庭用
業務用
自家用
ギフト用

ービスを的確に届けられるか

- Response（測定可能性）…顧客からの反応を分析することは可能か

ターゲットを決定する際には、①自社の強みを活かせるか、②競合を回避できるか、③自社の力の及ばない外部要因が大きな影響を及ぼさないかにも着目しましょう。

設定したターゲットに対するポジショニングも、価値を軸とする２軸思考で定めます。この際、下図に示したように、競合企業よりも自社の価値が高くなるように軸を検討することが重要です。

◎競合企業と比較する際の２軸思考の例◎

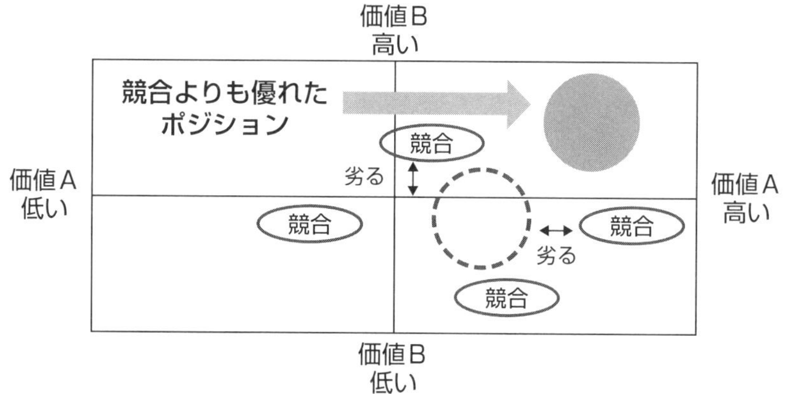

4-8 4P分析

マーケティングミックスを決定する際に役立つ

ＳＴＰ分析で定めた方向性で事業を展開していくためには、顧客に購買行動を起こしてもらうための打ち手の組み合わせ（**マーケティングミックス**）が必要になります。

マーケティングミックスの決定に際し、Product（製品）、Price（価格）、Place（流通チャネル）、Promotion（販売促進のための情報伝達）の４つの側面から具体策を検討するのが「**４Ｐ分析**」で、製品の提供方法や顧客とのコミュニケーションのあり方を定めていきます。

製品ではなくサービスを対象とする場合には、顧客目線でCustomer Value（サービスの価値）、Cost（支払う費用）、Convenience（利便性）、Communication（対話やもてなし）の**４Ｃ**を検討することもあります。４Ｐ・４Ｃは、マーケティング分野にＭＥＣＥ（３－２参照）の考え方を適用したフレームワークということになります。

４つのＰの主な検討事項と着眼点は、右ページ上表に示したとおりです。各Ｐについて個別に検討するのみでは４Ｐ分析とはいえず、要素間での整合性を取ることが重要です。たとえば、Productについて、対象・利用シーン・顧客ベネフィットからコンセプトを練り上げた場合には、その製品コンセプトと他の３Ｐが整合していなければなりません。権限が複数部門に分散し、４Ｐのすべてを自部門で決定できないような場合には、部門間での調整を経て一貫性のあるマーケティングミックスとすることが求められます。

項目間の整合性については、右ページ下図に示した事例を参照してください。

◎４つの「Ｐ」の主な検討事項と着眼点◎

項目	主な検討事項	着眼点
Product	●製品のスペック ●パッケージ	●競争優位のポイント ●提供する価値の伝達 ●流通・保管形態
Price	●価格体系	●顧客の受容性 ●競争戦略 ●自社の収益性 ●流通マージン
Place	●物流 ●代金回収の流れ ●情報の伝達経路	●顧客の購入機会 ●対競合視点での配置 （正対するか別ルートを選択するか） ●自社の組織・資産
Promotion	●顧客とのコミュニケーション	●カスタマージャーニー（時間軸） ●タッチポイント（空間軸）

◎中高年ビジネスパーソンをターゲットとする健康茶の事例◎

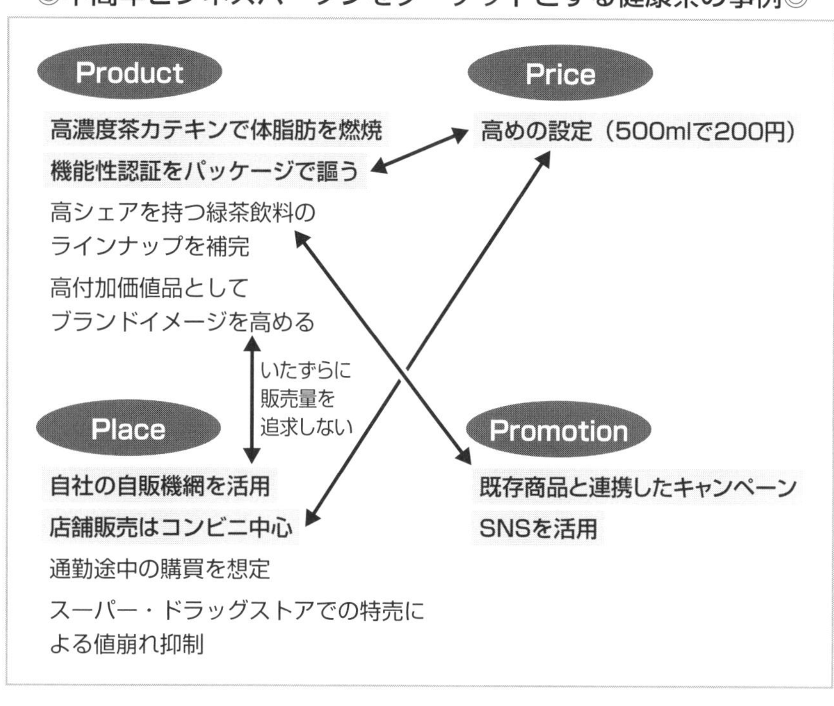

4-9 ビジネスモデルのフレームワーク

ビジネスモデルキャンバスが有効

環境分析を行なって立案した戦略を具体化する際には、どのように収益をあげて持続可能な事業とするかを検討しなければなりません。また、既存事業の見直しを行なう際にも、まずは事業構造を整理してみることが必要です。

こうしたビジネスモデルの確認に便利なのが「**ビジネスモデルキャンバス**」であり、ビジネスのアイデアを以下の①～⑨の要素で整理することにより、検討が不足している部分をチェックすることができます。

①顧客セグメント……どのようなニーズを持った層が顧客となるのか
②価値提案……………顧客に対して提供できる価値は何なのか
③収益の流れ…………価値を提供した結果として、どのように収益を得るのか
④顧客との関係………顧客とどのような関係を築くのか
⑤チャネル……………どのような手段で顧客に価値を届けるか
⑥主要活動……………価値を生み出すために必要な活動は何か
⑦主要リソース………必要になる内部資源（ヒト・モノ・カネ・情報など）は何か
⑧主要パートナー……必要になる外部資源は何か
⑨コスト構造…………どのようなコストが発生するか

ビジネスモデルを検討する際には、ビジネスモデルキャンバス以外にもさまざまな形での情報整理が考えられます。右ページ図は、自治体や地元生産者との連携によって地域活性化をめざす施設の事

◎地域活性化をめざす施設の事例◎

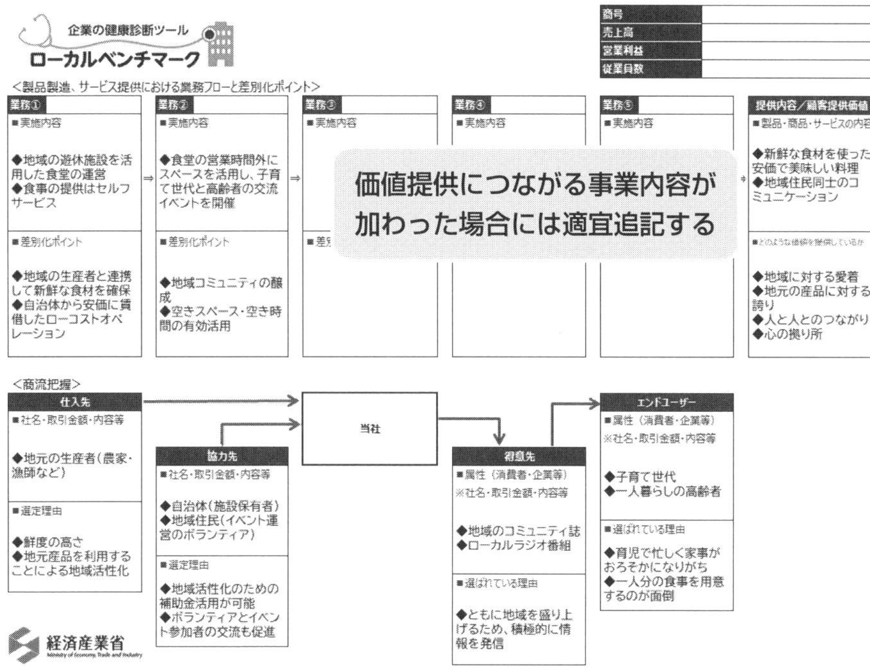

例で、経済産業省のローカルベンチマークツールを活用しています。

この施設は、子育て世代と高齢者の交流を促したり、地元の産品に誇りを持ってもらったりすることで、地域に対する愛着度を高めるような役割を担っています。

持続可能な事業とすることを念頭に置くと、図のように事業内容を整理するとともに、収支構造も検討しておく必要があります。事業内容の公益性が高いことから、自治体からの補助金を得られる目途が立っていますが、食事の提供によってどの程度の収益を得られるかについては、きちんと見積もるには至っていない段階です。

なお、当該施設には高齢者雇用の性格を持たせるというアイデアもあり、セルフサービスではなく、接客人員を確保する形に変更する可能性も残っています。その構想に従って変更を加える場合には、協力先や収支構造を見直すなど、ビジネスモデル全体の再検討が必要になります。

4-10 購買行動に応じた施策のためのフレームワーク

顧客の購買行動をとらえるさまざまな手法

計画してきたビジネスを実際に運営し、収益を生み出していくためには、顧客がどのような段階にあるかを見定め、それぞれに対して有効な策を打ち出していくことになります。顧客の購買行動を把握するフレームワークとしては、古くから用いられてきた「ＡＩＤＭＡ」や、その発展形としてインターネット時代に対応させた「ＡＩＳＡＳ」などがあげられます。

前者は、「①Attention（商品・サービスを認知する）→②Interest（興味・関心を持つ）→③Desire（ほしいと思う）→④Memory（覚えておく）→Action（購入する)」の頭文字を取ったもので、後者では③以降が「③Search（検索する）→④Action（購入する）→⑤Share（情報を共有する)」に変わっています。

これらを使えば、顧客の段階に応じた施策を展開することができます。ただし、各段階の顧客数を素早く定量化することは難しく、施策の効果をスピーディーに検証できないという課題が残ります。

一方、シリコンバレーの著名投資家が提唱したとされる「ＡＡＲＲＲ」に沿って顧客行動をとらえれば、ネット上の履歴データを追うことによって素早い定量化が可能であり、ネットビジネスのマーケティングなどで活用されています。ＡＡＲＲＲは、Acquisition（集客)、Activation（利用開始)、Retention（継続)、Referral（紹介)、Revenue（収益の発生）の頭文字を取ったものです。

これらの各段階においてＫＰＩ（Key Performance Indicator：目標達成に向けてプロセスが適切に実行されているかを測る指標）を設定し、次の段階にきちんと誘導できているか否かを見極め、誘導できていない場合には施策を再検討していきます。

◎ＡＡＲＲＲを美容室に応用した例◎

段階	施策
Acquisition →来店してもらう	●チラシの街頭配布 ●ポスティング ●近隣異業種店舗へのリーフレット配置

魅力を的確に伝える

段階	施策
Activation →価値を認めてもらう	●挨拶 ●カウンセリング、施術トーク ●サンキューDM、ニュースレター

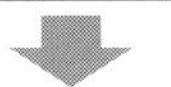
離脱防止、継続利用につなげる

段階	施策
Retention →固定客になってもらう	●スキル ●センス ●コミュニケーション

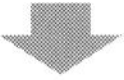
信頼感の醸成、きめ細かい情報収集

段階	施策
Revenue →単価アップを受け入れてもらう	●カルテの充実 ●適切なメニュー提案

Referral
→紹介してもらう

「効果を即座に測定し、次の施策に活かす」のが焦点であることを踏まえれば、ＡＡＲＲＲはネットビジネスとの親和性が高いフレームワークということになりますが、この考え方はリアルビジネスにも応用することができます。上図に示した美容室の事例では、Acquisitionの段階で「商圏内に住む40代以上の女性の○％を獲得する」といった形でＫＰＩを設定し、チラシ配布やポスティングなどを実施して効果を測定します。その結果、目標に到達できなければ、チラシ内容の見直しが求められることになりますし、ＳＮＳのような別の集客手段を検討してみてもよいかもしれません。

なお、ＡＡＲＲＲの並びはあくまでも顧客行動の段階を示したものであって、この順番に策を考えればよいというわけではありません。「ActivationやRetentionの段階で提供できる価値は何なのか」を徹底的に考えることが、ReferralやRevenueにつながるのであり、Acquisition段階の策はその価値にフィットしたものであるべきことを、しっかりと意識しておきましょう。

4-11 パレート分析

全体の大部分は一部の要素が生み出している

パレートの法則は、全体の数値の大部分（80％）は、全体を構成する要素の一部（20％）が生み出しているという経済理論です。この理論は経済のみならず、自然現象や社会現象にも合致するといわれており、ビジネスの現場においては、「売上高の80％は全顧客中の上位20％によって生み出されている」「故障の80％は不良発生頻度の高い20％の部品によるものである」といった例があげられます。

この法則に照らし合わせ、営業面であれば売上高や利益高に対して貢献度の高い要素、品質管理面であれば原因となる確率が高い部分を特定し、解決に向けてリソース配分を検討していくのが「**パレート分析**」です。

【事例１】

ラインナップしている商品Ａ～Ｎについて、第１四半期の売上高を分析したところ、Ａ、Ｂ、Ｃの３商品で売上高の78％を占めていることが判明しました。この結果を受け、量販店向けの営業や広告宣伝については、３商品に予算を配分することとし、Ｄ～ＮはWebを主要チャネルとして販売していく方針に切り替えました。

【事例２】

葬儀を施行した喪主にアンケートを実施したところ、葬儀社を選んだ理由として最も多かったのは「価格が明確だったから」であり、「自宅に近いから」「チラシを見た」がそれに続く結果となりました。一方、「ホームページを見た」は低率にとどまりました。このアンケート結果を受けて、次期の販促予算はチラシに重点配分すること

◎パレート分析の実施例◎

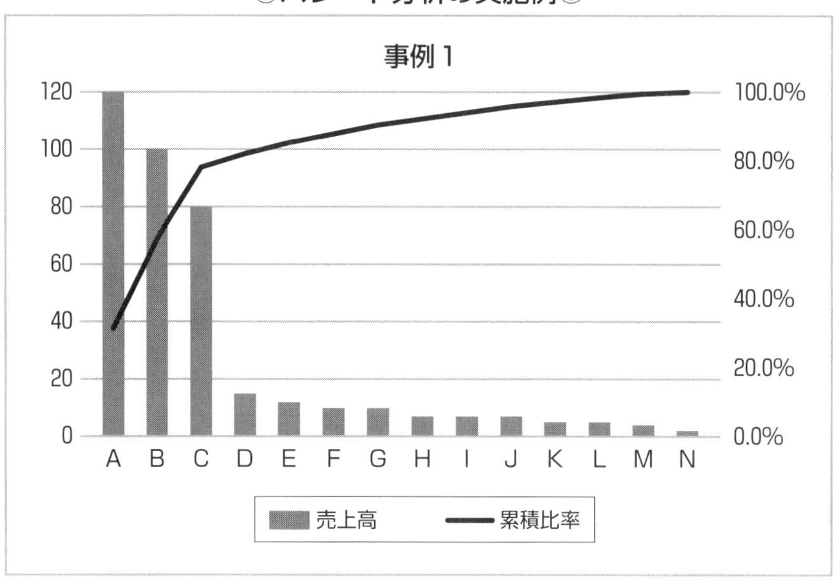

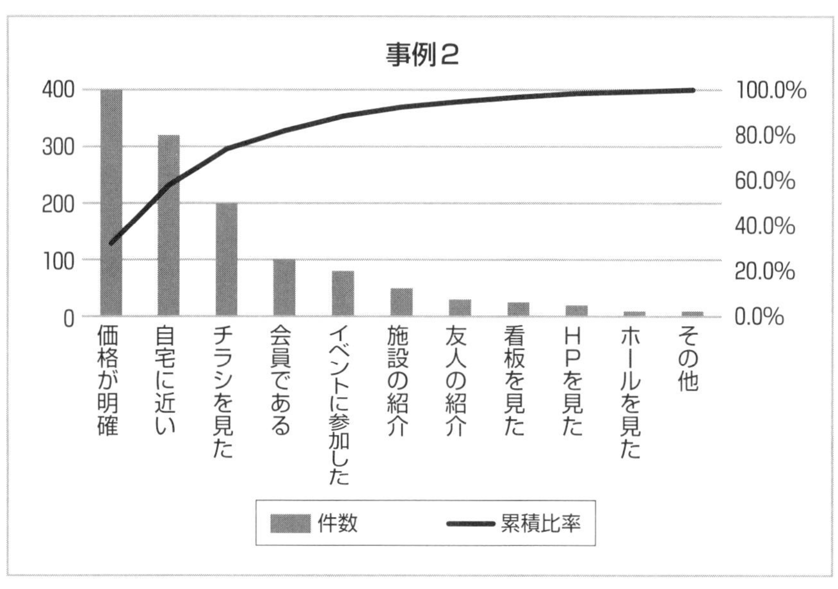

として、価格のわかりやすさに配慮したチラシを作成し、葬祭ホールに近いエリアで繰り返し配布する方針を定めました。

ロードマップ

　サッカー日本代表の外国人監督が解任され、後任の人選が難航した時期がありました。その際に候補としてあげられたのは外国人ばかりであり、日本人が候補とならないことに違和感を抱きました。

　経験や実績が重視されるのは然るべきことですが、日本サッカー協会と監督が、（できれば候補者選びの段階から）膝を突き合わせ、時間をかけてじっくりとビジョンを共有していくことも重要なのでは？　と思っていたからです。

　「ワールドカップで優勝する」という目標に向かってロードマップを描き、「めざすサッカーのスタイル」と「この４年間の位置づけ」を明らかにしておかなければ、代表選手の選考も監督の好みに任せることになり、一貫性のあるチームづくりはできません。監督が入れ替わるたびにリスタートになるだけで、文化の定着など望むべくもありません。

　ワールドカップの歴史のなかで、外国籍の監督が率いたチームが優勝した事例は、いまのところ１つもありません。それはジンクスだと考える向きもありますが、国に対する深い理解をベースに戦い方を見定め、その内容にフィットするチームを練り上げなければ、強豪国がひしめくなかを勝ち抜いていくことは難しいと思います。

　冒頭で紹介した事例は、「外部からはそのように見えた」というだけで、実態は知る由もありませんが、2018年のワールドカップ終了後には、新たな時代の到来を感じさせる出来事がありました。

　新チーム発足時からの舵取りを日本人監督に委ねたのは、Ｊリーグ発足以降で初のケースです。経営コンサルタントの目線でいえば、Ｊリーグで実績を重ねてきた若い監督の就任を契機として、長期的な展望をもってチームづくりに取り組んでほしいところです。

　ロードマップは、目標達成に向けたスケジューリングなどの思考法の１つですが、その例として上記の話を取り上げてみました。

5章

問題解決手法の歴史から見えてくるもの

Problem
Solving
Method

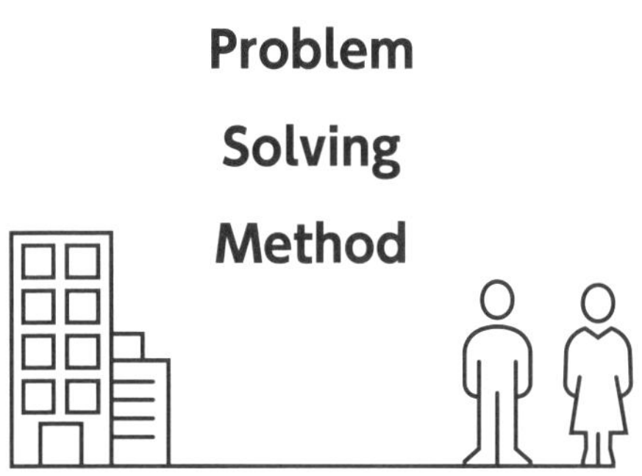

執筆 ◎ 荒川 清志

5-1 問題解決手法の歴史を振り返ってみよう

歴史は将来を考えるための指針になる

５章では、問題解決手法について、本書で取り上げる４つの分野（論理的思考法、ビジネスフレームワーク、意思決定手法、発想法）の観点から、その由来や現在に至る発展の経緯を整理します。

解決手法の歴史を振り返ると、その時期になぜその手法が必要とされていたのかという背景を通じて、一見すると別々にみえる解決手法や手法どうしの関係やつながりがわかりやすくなります。「温故知新」といわれるように、歴史は将来を考えるための指針にもなります。

令和の時代の経営では、人の活動やその結果、物の状態やその変化、そしてそれらの関係などについて、あらゆる情報がデータとしてネットワーク上でつながっている環境が常態となり、リアルとバーチャルの融合が一層進むとみられています。

イノベーション創出のしくみやプロセスについても研究が進んでいます。デザイン思考などにみられるように、知識や情報の伝え方や共有のしかたに、言葉ではない手段も重視する方法への注目が高まっています。創造的な思考の方法にも広がりがみられます。

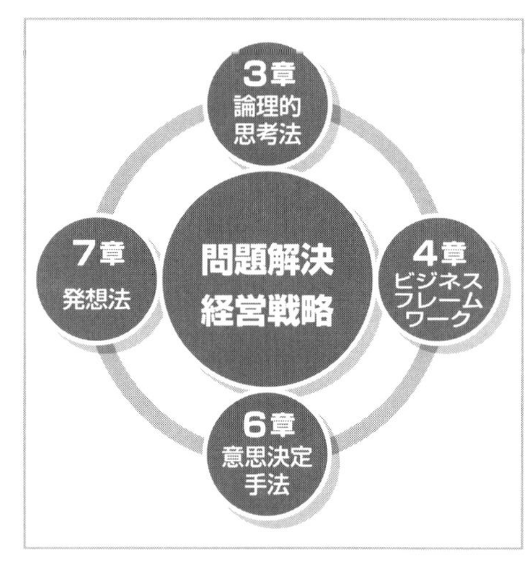

経営上の問題解決や意思決定は、企業活動を通した付加価値の創出によって、持続的な社会や豊かさの実現に資す

◎問題解決手法の歴史◎

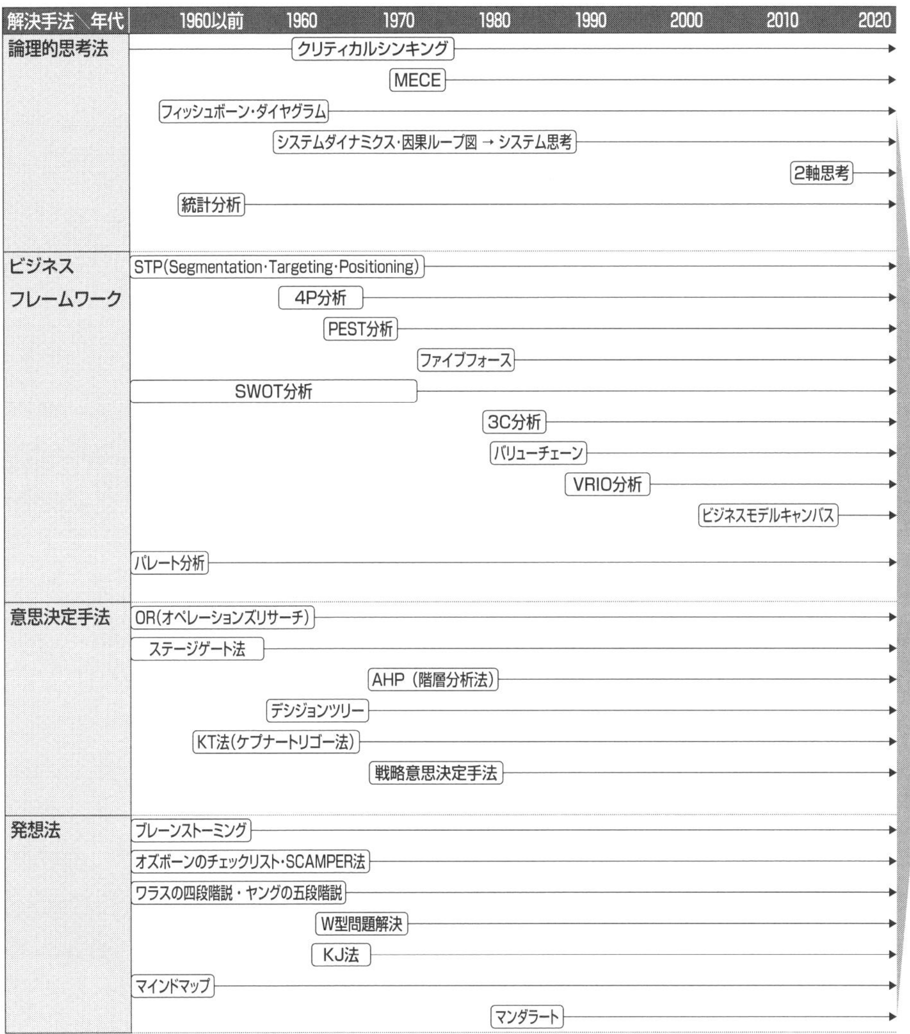

ることをめざすものです。

今後の問題解決手法には、既存の方法とともに、さまざまな分野で開発された新たな手法を正しく使いこなすことが求められることに加え、以前にも増して、歴史から学ぶことが多く行動の普遍的な規範となる「哲学」が色濃く反映されるのではないでしょうか。

5-2 科学的経営の始まりと問題解決手法の必要性の高まり

科学的経営管理の実践には問題解決手法が必要

20世紀の初めには、アメリカでテイラーの「**科学的管理法**」、フランスでファヨールの「**管理原則**」が唱えられ、経営学の体系化が進みました。

アメリカでは、産業革命（第二次）後の工業化・産業の発展に伴い、事業の大型化、企業の株式会社化、組織の大規模化が進むにつれ、企業やその組織にとって効率的な管理手法が必要とされていました。T型フォードの生産にみられるように、標準化・分業化された自動車組立て作業がベルトコンベヤを導入した生産ラインとして行なわれる大量生産体制は、科学的経営管理の実践を代表するものです。

管理原則では、科学的管理という観点を企業全体の経営に取り入れました。企業活動が6つの機能（＝職能：技術、商業、財務、保全、会計、経営管理）から構成されるとし、経営管理（アドミニストレーション）を①計画、②組織化、③指揮、④調整、⑤統制というプロセスをサイクルとして回していくものとしてとらえています（右図）。

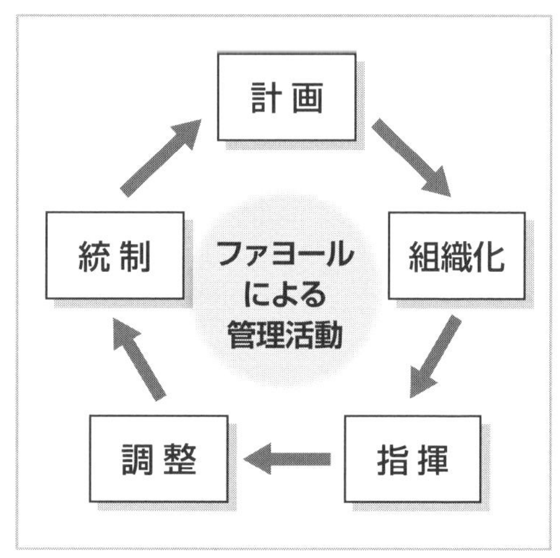

科学的な経営管理が実践されるなかで、経営者が直面する問題を解決するための手法が必要とされ、企業の経営に導入されるように

◎問題解決手法の歴史（前史）◎

＜アメリカの工業化…科学的方法論としての経営学が誕生した時期＞

世紀	年代	分野	人物「代表的な著作」（年）	分野	経済・方法
19世紀	1830		クラウゼヴィッツ「戦争論」（1832）		
	1850				
	1880				
	1890	統計	ピアソン「科学の文法」（1892）【3-9相関分析】		アメリカの「産業革命時代（The Industrial Revolution Era）」（1880-1900）アンゾフによる
20世紀	1900			統計	主成分分析の論文（1901）ピアソン【3-10】
	1910	経営	**テイラー「科学的管理法の原理」（1911）**		
		経営	シュンペーター「経済発展の理論」（1912）		
		OR	Lanchester "Aircraft in Warfare" (1916)		
		経営	**ファヨール「産業ならびに一般の管理」（1917）**		
	1920	創造	Wallas "The Art of Thought"（1926）	創造	ワラスの四段階説（1926）
					ホーソン実験（1924–1932）
	1930	経営	Mayo "The Human Problems of an Industrialized Civilization"（1933）		
		経営	バーナード「経営者の役割」（1938）		
	1940	創造	ヤング「アイデアのつくり方」（1940）	創造	ヤングの五段階説（1940）
		経営	サイモン「経営行動」（1947）	OR	線形計画法（1947）ダンツィーク
	1950			OR	日科技連OR委員会発足（1952）
				論理	フィッシュボーン・ダイヤグラム（1952）【3-6】
				創造	ブレーンストーミング（1953）【7-2】
		創造	Osborn "Applied Imagination"（1953）	創造	オズボーンのチェックリスト（1953）【7-6】
		経営	マーチ＆サイモン「オーガニゼーションズ」（1958）	創造	SCAMPER法【7-6】

戦略意思決定手法（50-60年代）【6-6】
デシジョンツリー（50年代）【6-2】
KT法（50年代）【6-4】

（注）上記年表では、本書での参照箇所を【章一項】と表わしています。

なりました。

この時期には、以下のような問題解決手法が現われています。

【論理的思考法の一領域としての統計手法】

統計手法もこの時期に大きく発展しています。たとえば、線形回帰分析を理論的に体系化したイギリスの数理統計学者と知られるピアソンは、19世紀末（1896年）の論文で、**相関係数**（３－９参照）についての提案を行なっています。

また、多変量のデータ（変数）を数少ない統計量（変数）に集約する手法として最も代表的な**主成分分析**（３－10参照）についても、1901年に論文を発表しています。

【意思決定手法】

数理モデルにもとづく科学的な意思決定法を研究対象とする「**オペレーションズリサーチ**」（**ＯＲ**）は、初期には軍事的な目的から研究が進められていたとされ、マーケティングにおける強者戦略や弱者戦略などの経営戦略にも応用される「ランチェスターの法則」が知られています。

第二次世界大戦後には、1947年に線形計画法として最も代表的な解法である「単体法」（シンプレックス法）がダンツィクにより開発されました。1950年代には、ケンドール記号で知られる「待ち行列理論」やベルマンによる「動的計画法」など、その後の発展の基礎となる主要な研究成果が公表されています。

【創造的思考法】

ブレーンストーミング（７－２参照）は、1940年代にオズボーンによって研究がすすめられ、1953年の著作『Applied Imagination』にまとめられました。また同書では、アイデア創出のための９項目のチェックリスト（７－６参照）についても説明されています。

ＳＣＡＭＰＥＲ法（７－６参照）では、７項目のリストを用います。

◎ワラスの四段階説◎

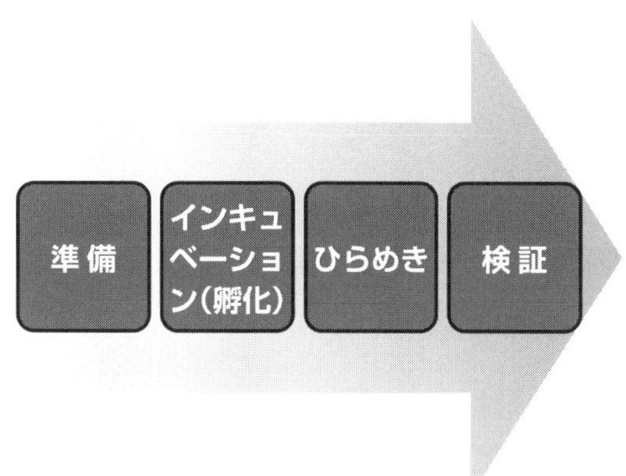

ワラスの四段階説は、創造のプロセスを表わしています。プロセスの細分化や繰り返しなどを考慮して、その後、数多くのモデルが提唱されていますが、最も基本となる考え方と位置づけられています。最近注目されるデザイン思考のプロセスにも通じるところがみられます。

①**準備**（preparation）…あらゆる方向から問題が考えられる

②**インキュベーション**（**孵化**：incubation）…問題について意識を働かせない（無意識にとらえている）

③**ひらめき**（illumination）…問題解決のアイデアがひらめく

④**検証**（verification）…ひらめきを問題解決の方法として検証し実施する

ワラスの四段階説（上図）は、イギリスの心理学者であるワラスが、1926年の著作『The Art of Thought』で、創造的思考は４段階のプロセス（準備、インキュベーション（孵化）、ひらめき、検証）からなることを唱えたものです。

ヤングの五段階説は、アメリカの実業家であるヤングが1940年に著した『アイデアの作り方』で唱えている発想法です。この本はその後の改訂を経てロングセラーとなっています。日本では1988年に翻訳版が出版され、その後改訂を重ねています。

マインドマップは、イギリスのブザンによりＢＢＣの放送で1970年代に紹介され、多数の著作が出版されました。

5-3

チャンドラーとアンゾフの世界

1960年代は経営戦略論が確立された時代

1960年代は、ビジネスフレームワークの基礎となる**経営戦略論**が確立された時代です。黄金時代と呼ばれるほどアメリカ経済が好調に成長を続けるなか、企業経営にとって外部環境の影響が大きく、事業領域や組織構造など企業全体としての戦略的な意思決定が重視されました。

チャンドラーは、これまで主に軍事用語であった「戦略」という言葉を用い、「組織は戦略に従う」として経営戦略の重要性を説いたことで知られています。

アンゾフは、企業活動を行なう市場（対象とする顧客）と顧客に提供する製品の観点から経営戦略を分類する「**成長マトリクス**」（下図）を提唱しました。なかでも外部環境の分析にもとづき、新規市場に参入して新製品を投入し、新規顧客の獲得を図ることにより成長機会をとらえる**多角化戦略**の重要性を説いています。

多角化経営とは、シナジー効果を考慮し、管理する事業ポートフォリオを構成する経営のことです。アンゾフの成長マトリクスは、多角化戦略のためのビジネスフレームワークとして活用されました。

アンゾフはその他にも、経営戦略策定のために企業がめざすべき将来像（to be）を明確にして現在の状態（As is）との乖離を分析する**ギャップ分析**を導入したことや競争優位についての論考などにより、後世の経営戦略論に多大な貢献を残したこと

	既存製品	新製品
既存市場	市場浸透	新製品開発
新市場	新市場開拓	多角化

◎問題解決手法の歴史（1960年代）◎

＜経営戦略論が誕生した時期…市場の選択と多角化戦略＞

年代	分野	人物「代表的な著作」（年）	分野	経済・方法
1960	経営	アベグレン「日本の経営」（1958）	経営	**成長マトリクス（1957）アンゾフ**
	経営	**チャンドラー「組織は戦略に従う」（1962）**	経営	4Ｐ（1960）【4-8】マッカーシー
	経営	ロジャース「イノベーションの普及」（1962）		
1965	経営	**アンゾフ「企業戦略論」（1965）**	経営	ギャップ分析（1965）
		ポランニー「暗黙知の次元」（1966）		
	経営	コトラー「マーケティング・マネジメント」（1967）		
	創造	川喜田「発想法」（1967）		
				経験曲線（–1968）ヘンダーソン
1970	創造	川喜田「続・発想法」（1970）		
	経営	アンゾフ「企業の多角化戦略」（1971）		
	経営	アンドルーズ「経営戦略論」（1971）		
1975	経営	アンゾフ「戦略経営論」（1979）		

（縦帯）
- W型問題解決　川喜田「続・発想法」（1970）
- ＫＪ法（1951、川喜田「発想法」1967）【7-3】
- 戦略意思決定手法（60年代）ハワード
- システムダイナミクス因果ループ図（60年代）【3-7】
- 60年代ＳＯＦＴ分析→ＳＷＯＴ分析【4-6】
- 60年代ＥＴＰＳ→ＰＥＳＴ分析【4-2】
- ＳＴＰ（Sementation・Targeting・Positioning）【4-7】

から経営戦略の父と呼ばれています。

【ビジネスフレームワーク】

この時期には、外部環境の把握に有効なＰＥＳＴ分析（４－２参照）の原形とされるＥＴＰＳ分析が現われました。

5-4 事業ポートフォリオの世界

 1970年代は事業ポートフォリオの再構築を重視

1970年代は、1973年のオイルショックによる原油価格急騰などの影響を受けてスタグフレーションの傾向が強まり、アメリカ経済は低調に推移しました。また、1973年には為替が変動相場制に移行したこともあり、経済の不確実性が意識されるようになりました。

1977年には、ガルブレイスによる『不確実性の時代』が出版され、日本でも翌年に翻訳されベストセラーになっています。

低迷する経済環境を背景に多角化の行き過ぎを見直す動きもあり、企業の経営戦略では、多角化戦略を進めることよりも事業領域の選択と集中を行なう**事業ポートフォリオ**の再構築が重視されるようになりました。

この実践には、外部環境と競合に対する優位性がともに分析可能なビジネスフレームワークである「**プロダクトポートフォリオマネジメント**」(下図。ＰＰＭともいわれます）が活用されました。

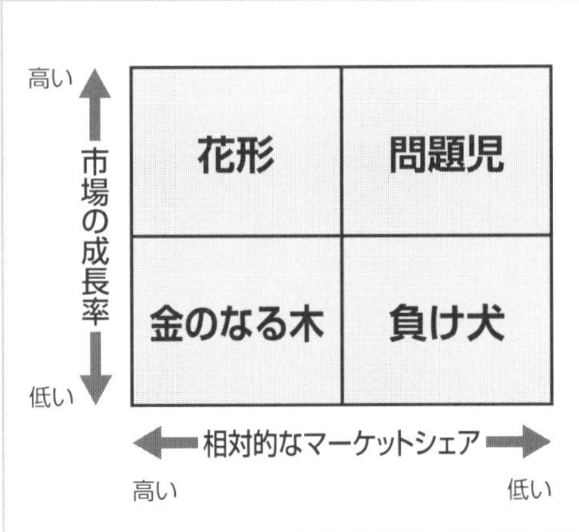

- 「相対的なマーケットシェア」と「市場の成長率」という２つの軸をとり、それぞれの軸の高低（大小関係）により、「花形（スター）」「問題児」「金のなる木」「負け犬」の４つに分けて戦略の方向性を考えることができます。
- 一般に、「花形」では事業拡大、「問題児」では「花形」をめざすか「負け犬」にならないように事業の見直し、「金のなる木」では高収益性を維持した事業の継続、「負け犬」では損失を抑えた事業の見直し、を考慮して戦略が検討されることになります。

◎問題解決手法の歴史（1970年代）◎

＜多角化後の事業ポートフォリオ管理＞

年代	分野	人物「代表的な著作」（年）	分野	経済・方法	
1970			経営	**経験曲線（−1968）ヘンダーソン**	AHP（70年代）Saaty【6-3】
	経営	アンドルーズ「経営戦略論」（1971）	経営	**PPM（1970頃）ヘンダーソン**	
	経営	Henderson "Perspectives on Experience" (1970)		為替変動相場制（1973/3）	
	論理	ミント「Pyramid Principle（考える技術・書く技術）」（1973）		オイルショック（1973/10：第四次中東戦争）	
	経営	ミンツバーグ「マネジャーの仕事」（1973）			
	経営	ドラッカー「マネジメント 課題・責任・実践」（1973）	論理	MECE（1973）ミント【3-2】	
			創造	マインドマップ（1974）ブザン；BBC放送	
1975		ガルブレイス「不確実性の時代」（1977）			
	経営	アンゾフ「戦略経営論」（1979）			
			経営	ファイブフォース分析（1979）ポーター【4-3】	
1980		フリードマン「選択の自由」（1980）			

これは、ボストン・コンサルティング・グループ（ＢＣＧ）の創始者であるヘンダーソンが1970年頃に導入したとされています。ヘンダーソンは、これに先立ち**経験曲線**のビジネスフレームワークも公表していました。経験曲線とＰＰＭは、両者を用いて市場シェアの拡大とコスト削減効果を関係づけた分析を行ない、競合に対する競争優位性を考慮したうえで事業ポートフォリオ（事業構造、経営資源配分）を決定するという、総合的な経営戦略の策定法として活用されました。

【論理的思考法】

ＭＥＣＥ（３－２参照）やピラミッドストラクチャを説明したミント著『Pyramid Principle』（考える技術・書く技術）が1973年にアメリカで出版されています。

5-5

ドラッカーとコトラーの世界

マネジメントとマーケティング戦略を重視

この時代の経営戦略は、大量生産のための効率的な管理（プロダクトアウト）から顧客本位のマーケットインが重視されるようになりました。

【ピーター・ドラッカー「マネジメント」】（1973年）

マネジメントの父と呼ばれるドラッカーは、1973年に『マネジメント』を著し、めざすべき社会や企業のあるべき姿を実現させるための経営の本質的な考え方を集大成しています。

日本でも『もし高校野球の女子マネージャーがドラッカーの「マネジメント」を読んだら』（2009年）がベストセラーになり、「マネジメント」は幅広く知られています。

ドラッカーは、企業がめざすべき主要な目的のなかに、マーケティングとイノベーションを明示的に取り上げ（下図）、マーケティングの重要性を説いています。

また、シュンペーターも唱えていた企業の本質的な活動が反映されるイノベーションに関連し、知識やそのマネジメントが社会に貢献する創造的な企業活動にとって重要になることを洞察しています。

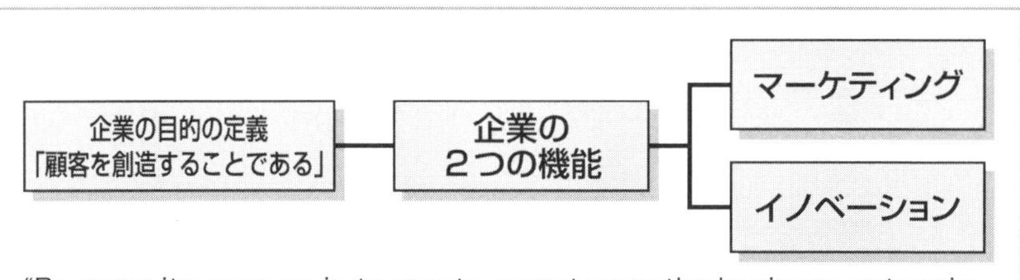

"Because its purpose is to create a customer, the business enterprise has two-and only these two-basic functions: marketing and innovation."

◎ドラッカーとコトラーによる主な著作◎

年代	ドラッカー	コトラー
1940	産業人の未来（1942）／企業とは何か（1946）	
1950		
	現代の経営（1954）	
1960	創造する経営者（1964）	
	経営者の条件（1966）	マーケティング・マネジメント（1967）
	断絶の時代（1969）	
1970		
	マネジメント 課題・責任・実践（1973）	非営利組織のマーケティング戦略（1975）
	ドラッカーわが軌跡（1978）	
1980	乱気流時代の経営（1980）	マーケティング原理（1980）
	イノベーションと企業家精神（1985）	プロフェッショナル・サービス・マーケティング(1984)
	新しい現実（1989）	ソーシャル・マーケティング（1989）
1990	非営利組織の経営（1990）	ホスピタリティ＆ツーリズム・マーケティング(1996)
		戦略的マーケティング（1999）
2000		
	マネジメント［エッセンシャル版］（2001）	新・マーケティング原論（2001）
	ネクスト・ソサエティ（2002）	マーケティングコンセプト（2003）
		マーケティング思考法（2003）
2005	ドラッカー20世紀を生きて（2005）	社会的責任のマーケティング（2005）
2010		マーケティング3.0（2010）
2015		
		マーケティング4.0（2017）

【コトラー「マーケティング・マネジメント」】（1967年）

コトラーは、ＳＴＰ分析（４－７参照）、マーケティングミックス（４Ｐ）（４－８参照）などのフレームワークを用いて、マーケティング戦略を体系的にまとめ上げ、マーケティングの父として知られています。マーケティングとは何かが定義され、議論が深められていますが、ドラッカーによる「マーケティングの理想は販売を不要にすることである」も、多数の著作のなかで繰り返し取り上げられています。

5-6 マイケル・ポーターの世界

1980年代は競争を優位に進める戦略を重視

1980年代は、アメリカの経済政策がレーガン米大統領（第40代）の名を冠して「レーガノミクス」として特徴づけられる時期であり、インフレが抑制され、経済はおおむね安定的に推移しました。しかし、経済全体としては成長が抑制され、事業領域とする市場の成長に不確実性が増すなかで、市場内での競合との競争を優位に進める戦略が重視されました。

ポーターの「**競争戦略**」は、産業組織論におけるＳＣＰ（Structure・Conduct・Performance）モデルにもとづくものです。企業が活動する市場構造を詳細に分析することにより、「コストリーダーシップ」「差別化」「集中」という３つの経営戦略のなかから採用すべき戦略の合理的な選択が可能になります（下図）。

もっとも、一部の大企業以外の場合には、差別化戦略の効果を高める活動を市場構造の分析にもとづいて深め、徹底させることが理

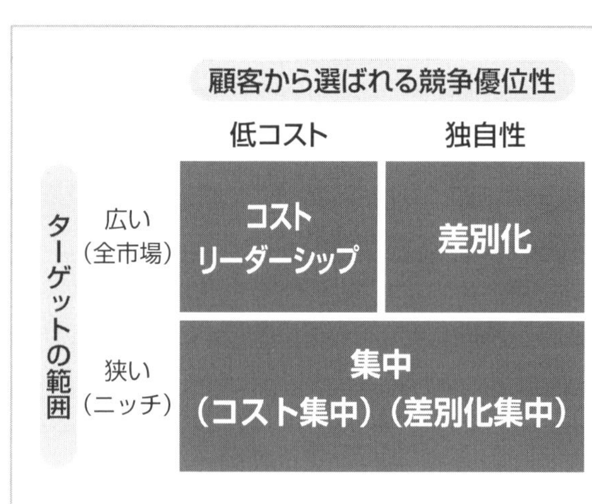

● ポーターは、産業構造や産業内での競争環境の研究にもとづき、企業が直面する競争環境に応じて企業が選ぶべき戦略が３つの基本戦略（コストリーダーシップ・差別化・集中）のいずれかになることを明らかにしました。

● 競争環境の把握には、ファイブフォース分析が用いられます。

◎問題解決手法の歴史（1980年代）◎

＜選択した市場での競合との競争戦略＞

年代	分野	人物「代表的な著作」（年）	分野	経済・方法
1980		フリードマン「選択の自由」（1980）	経営	**ファイブフォース分析（1979）ポーター【4-3】**
	経営	ポーター「競争の戦略」（1980）		
	経営	ピーターズ＆ウォーターマン「エクセレント・カンパニー」（1982）	経営	３Ｃ分析（1982）大前【4-5】
1985	経営	ドラッカー「イノベーションと企業家精神」（1985）	経営	**バリューチェーン（1985）ポーター【4-4】**
			決定	ステージゲート法（1986）Cooper【6-5】
	経営	ポーター「競争優位の戦略」（1985）		
	経営	ミンツバーグ「戦略クラフティング」（1987）	創造	マンダラート（1987）今泉【7-5】
1990	経営	センゲ「学習する組織」（1990）		

システムダイナミクス→学習する組織→システム思考

論的に導かれる結論になります。顧客の範囲を絞り込むことが重要になる場合には、結論として差別化集中戦略になることも考えられます。

市場構造の分析では、その市場において対象とする競合との競争がどの程度完全競争に近いものなのか、あるいはその市場での寡占や差別化がどの程度進んでいるのかを把握し、自社（を含む企業グループ）の活動がどの程度、差別化を図れるのかを明確にすることになります。

市場構造の分析で用いられるビジネスフレームワークとして、**ファイブフォース分析**（４－３参照）が活用されました。さらにポーターは、外部環境重視の戦略を補うため、企業の内部環境に潜む強みの源泉を分析するフレームワークとして、**バリューチェーン分析**（４－４参照）を導入しました。

5-7 企業の内部環境を重視する世界

1990年代は産業構造が大きく変化

1990年代は、企業間の競争激化が一層進むとともに、アメリカの通信法改正（1996年）による通信自由化の進展やインターネットの商用利用開始（アメリカ1990年、日本1993年）などの影響もあり、産業構造も大きく変化しました。

この時期に創業した現在のプラットフォーマー企業もあります（アマゾン：1994年、Google：1998年）。

貿易黒字に現われるように、存在感の増した日本の企業経営についての研究も進められ、以前にも増して内部環境（企業の経営資源である人材、組織などの強み）を重視した経営戦略が重要視されました。

【バーニーの資源ベース理論（リソース・ベースト・ビュー：ＲＢＶ）】

バーニーは、企業間の競争は、競争する市場だけで決まるのではなく、まず企業のリソース（技術力、ブランド、人材、組織文化・学習、バリューチェーン、資金力などの経営資源）による強み（持続的優位性）が重要になることを示し、**ＶＲＩＯ分析**のフレームワーク（４－４参照）を唱えました。ＲＢＶについてまとめたバーニーの論文は、その後の研究に最も影響を与えた論文の１つであり、ＲＢＶについての研究の礎を築いたとされています。

【ハメルとプラハラードのコア・コンピタンス経営】

著者の２人は、競争優位の源泉となる競合他社にはない強みを「コア・コンピタンス」とし、それを活用した経営戦略を唱えました。

◎問題解決手法の歴史（1990年代）◎

＜選択した市場での競合との競争戦略（内部環境・経営資源・強み・知識の重視）＞

年代	分野	人物「代表的な著作」（年）	分野	経済				創業（GAFA等）
1990	経営	センゲ「学習する組織」(1990)		インターネット商用利用（1990）	リーン生産方式→アジャイル→チームでのスクラム	KJ法 川喜田「発想法」→デザイン思考	暗黙知→SECIモデル	
	経営	野中郁次郎「知識創造の経営」(1990)	経営	SECIモデル(1990)野中				
	経営	ハマー「リエンジニアリング革命」(1993)	経営	VRIO(1991)バーニー【4-4】				IDEO(1991)
	経営	ハメル・プラハード「コア・コンピタンス経営」(1994)						アマゾン(1994)
1995	経営	野中郁次郎・竹内弘高「知識創造企業」(1996)						
	経営	ポーター「戦略とは何か」(1996)		通信法改正（1996）				
	経営	バーニー「企業戦略論」(1996)						Apple（ジョブズ氏復帰1997）
	経営	クリステンセン「イノベーションのジレンマ」(1997)						
	経営	キム・モボルニュ「バリュー・イノベーション」(1997)						Google(1998)
2000	経営	ミンツバーグ「戦略サファリ」(1998)						
				アジャイルソフトウェア開発宣言(2001)				
	経営	クリステンセン「イノベーションへの解」(2003)						Facebook(2004)

コア・コンピタンスの確立とそのための組織的な体制構築が重要とし、最終的な完成品で競争するのではなく、コア・コンピタンスとそれにもとづいた完成品の価値を構成する要素（部材、技術力、ブランドなど）による競争を考えるべきとしています。日本型経営による当時の日本企業の成功が事例として取り上げられました。

5-8 イノベーションの世界

1990年代はイノベーションに注目

【野中郁次郎（一橋大学名誉教授）によるＳＥＣＩモデル】（1990年）

経営資源として組織学習やイノベーションが注目されるなかで、ポランニーの**暗黙知**と**形式知**の研究にもとづき、組織が創造する知識を解明する「**ＳＥＣＩモデル**」が提唱されました。人の知識が通常の情報とは異なる点を考慮してモデル化したものとされています。ＳＥＣＩモデルによる組織的な知識創造のしくみは「自己組織化」と呼ばれ、組織（チーム）が遂行する戦略を理解して共有（共感）するメンバーが、自分たちで組織的な活動を進めるなかで、イノベーションが生まれるとするものです。

ＳＥＣＩモデルは、組織の知識によるイノベーションを説明する独創的なモデルとして高く評価されています。

【クリステンセンによる「イノベーションのジレンマ」】（1997年）

イノベーションの生起により、市場を先導する企業の対応が後手に回り、市場参加者やその序列が変更することはシュンペーターも指摘していましたが、その理由はイノベーションが革新的であることによるとされていました。革新的な製品やサービスには、それ以前に蓄積されてきた経営資源（リソース）が使えないからです。

この見方に対し、クリステンセンは**破壊的イノベーション**を唱え、市場参加者の序列（ポジション）の変更は、イノベーション（の進み方）によるのではなく、市場を先導する最大手企業（リーダー）が顧客重視で経営することによることを示しました。既存の顧客ニーズに合わせて経営資源の効率的な活用が進むほど、イベーションに対応（するための経営資源の活用が）できなくなるからです。

◎「暗黙知」と「形式知」◎

【暗黙知の氷山によるたとえ】全知識の一部「氷山の一角（形式知)」しかみていないことが多く、水面下の知識（を獲得するプロセス）（暗黙知）が大きな部分として潜んでいます。

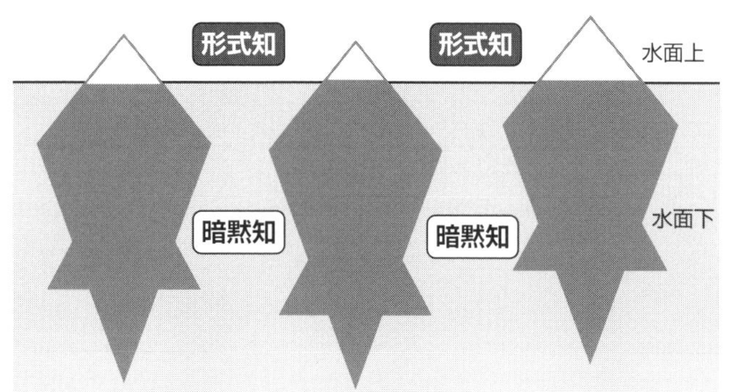

個々の知識に加え、複数のメンバーの知識からなるチーム（組織）としての知識も考慮することが重要になります。

【ＳＥＣＩモデル】
知識創造のプロセスを表現

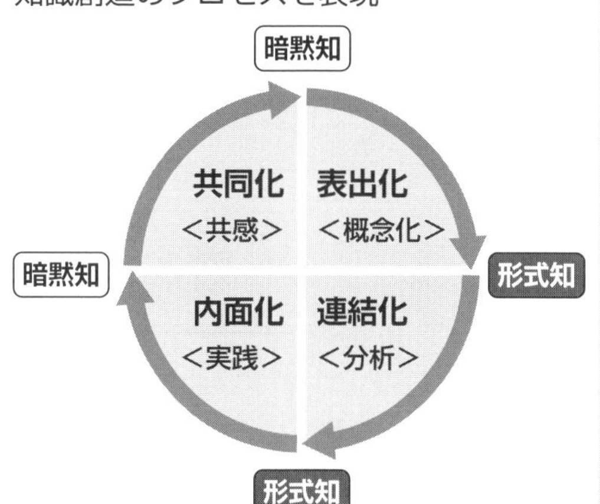

【知識の循環】

S ocialization（共同化）
暗黙知 → 暗黙知
＜共感＞共感などを通じた暗黙知の獲得

E xternalization（表出化）
暗黙知 → 形式知
＜概念化＞概念の具体化・具体的な表現

C ombination（連結化）
形式知 → 形式知
＜分析＞知識の体系化。マニュアル化、物語としての伝達など

I nternalization（内面化）
形式知 → 暗黙知
＜実践＞ノウハウを活用した行動

5-9 企業や投資を評価する方法とその歴史

企業価値をどのように評価するか

企業経営における意思決定のなかで、事業や設備投資の価値を評価することは大きな問題の1つです。たとえば、M&A（企業の買収・合併）を検討する場合には、企業そのものや事業部門の価値を評価する必要がありますし、事業承継の場合にも引継ぎの対象となる事業や部門の評価が必要です。

株式会社が株式を公開する際には、株主価値の評価がカギになります。設備投資を伴う事業やプロジェクトでは、評価にもとづいて意思決定が行なわれます。企業や事業、投資の価値の評価法は、問題解決手法の1つとして重要です。

評価法では、現在の1万円と将来（たとえば1年後）の1万円は必ずしも同じ価値にはならないという時間価値の考え方が重要になります。将来の収支（将来価値）は、それが発生するまでの期間に対応する割引率で減じられることにより、いまの収支（現在価値）と正しく比較することができます。このような将来価値と現在価値との間の関係が投資の評価に応用されるようになったのは、アメリカで1950年代頃からとされており、**内部収益率**（ＩＲＲ）**法**や**正味現在価値**（ＮＰＶ）**法**が提唱されました。

それ以前の評価法としては、米企業デュポンが投資収益率（ＲＯＩ）を構成要因に分解して分析する方法が知られており、チャンドラーの『経営者の時代』で紹介されています。

さらに、将来得られるであろう収入（キャッシュフロー：ＣＦ）の現在価値の合計を企業価値とする**ＤＣＦ**（割引キャッシュフロー）**法**が企業評価に応用され、1960～70年代に代表的な評価方法として普及が進みました。60年代には、企業評価において割引率を構成す

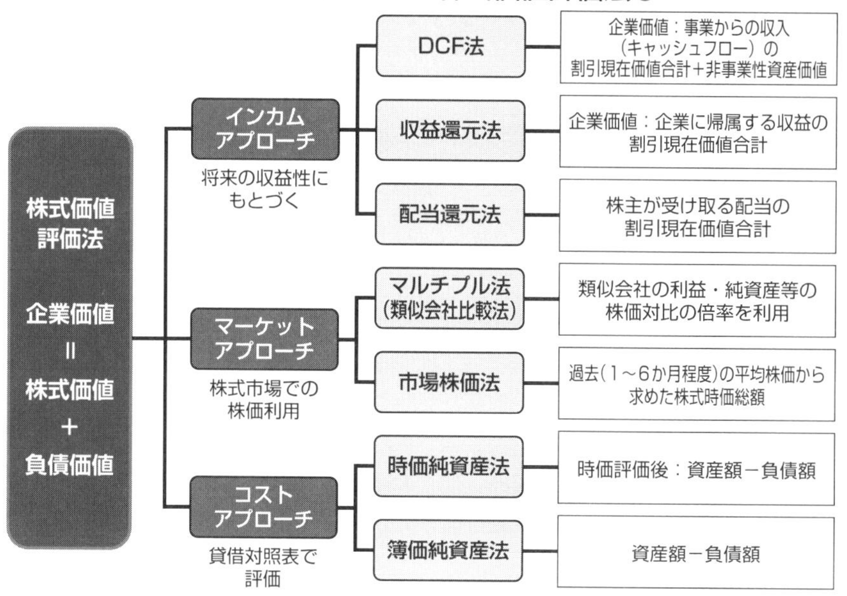

る株主資本コストを求めるための基礎理論となる、**資本資産価格モデル**（ＣＡＰＭ）が提唱されました。その研究によりシャープは1990年にノーベル経済学賞を受賞しています。

最近では、**リアルオプション**という評価法が知られています。これは、知的財産などの無形資産や将来得られるＣＦが今後の状況次第で大きく左右される（平均的なＣＦではとらえにくい）プロジェクトの評価に有効な方法です。オプション理論は、まず価格が変動する証券を売買する権利である（義務ではない）オプションの取引に応用されました。その評価法として理論の成果であるブラック・ショールズ方程式が有名です。理論構築に貢献したマートンとショールズは、1997年にノーベル経済学賞を受賞しています。

その後、事業やプロジェクトの評価に**オプション理論**が用いられるようになり、さらに企業価値の評価法としての応用が進んでいます。オプション理論は、不確実性下での意思決定を伴う経営戦略立案に際しての思考法としても重視されています。

5-10 知識経営の世界

2000年代はチームなどによる組織活動に注目

イノベーションやその管理の重要性についての認識が深まるにつれ、その創出を促進する**知識経営**の浸透が進んでいます。また、知識経営で重要となるイノベーションを創出するしくみとして、チームやプロジェクトでの組織活動を成功に導く知識がまとめられるようになりました。

さまざまな専門分野の知識やその構造を体系化したものとしてＢＯＫ（body of knowledge）が知られています。プロジェクトマネジメント分野での知識体系にはPMBOKやP2Mなどがあります。ＢＯＫは形式知としてまとめられていますが、イノベーション創出に大きな役割を果たす暗黙知の重要性も考慮されてきています。

日本発であるP2Mは、知識経営の権威である野中教授による暗黙知や創造的な組織についての研究成果を反映しているとされています。またＢＯＫは、導入される分野にも広がりを見せています。

プロジェクトでのイノベーションを促進する開発方法の１つとして、顧客重視の理念にもとづく**アジャイル**が知られています。短期間での反復（繰り返し）の継続による方法であり、暗黙知を重視しています。アジャイルは元来、製造業の生産性を向上させる手法として普及した**リーン生産方式**を発展させたものでした。

リーン生産方式は、日本型のものづくり経営を代表するトヨタの生産管理方法が80年代にアメリカで研究され、まず製造業で普及したものです。90年代以降、情報通信技術の発展やグローバル化の進展などにより、サービス業など幅広い産業で使われています。

リーン生産方式の考え方は、イノベーションを創り出す起業家を支援する方法を著したリースによる『リーン・スタートアップ』に

◎問題解決手法の歴史（2000年代）◎

＜イノベーションの創出と知識経営…チームの活動・プロジェクトマネジメント＞

年代	分野	人物「代表的な著作」（年）	分野	経済・方法
2000				
				アジャイル ソフトウェア開発宣言（2001）
	経営	クリステンセン「イノベーションへの解」（2003）		
	経営	モボルニュ・キム「ブルー・オーシャン戦略」（2005）	創造	スタンフォード大学のd.school（2004）
				創設者の一人：ケリー（IDEOの共同創業者）
2005	経営	ブランク「アントレプレナーの教科書」（2005）	経営	ビジネスモデルキャンバス（2005）【4-9】
	経営	ポーター「医療戦略の本質」（2006）		
	経営	クリステンセン「教育×破壊的イノベーション」（2008）		
2010				
	経営	リース「リーン・スタートアップ」（2011）		

形式知→BOK→プロジェクトマネジメント

トヨタ生産方式（80年代）→リーン生産方式→リーンスタートアップ

も取り入れられました。フレームワークとして**ビジネスモデルキャンバス**（４－９参照）が唱えられています。

アジャイルは、製造業では普及しませんでしたが、2001年のアジャイルソフトウェア開発宣言の後に、イノベーション創出を促進する開発方法として普及が進みました。アジャイルの一手法であるスクラムは、ラグビーのチームワークを洞察した野中教授による知識経営の研究にもとづいています。

5-11 なぜ経営に哲学は必要なのか？

2010年代は創造的思考法に関心が集まる

2010年代には、イノベーション創出を促進する組織や活動についての研究が進み、創造的な思考法についての関心が一層高まっています。

デザイン思考（７－10参照）は、企業経営の分野では、試行錯誤の繰り返しを重視する経営哲学にもとづき、イノベーションを創出する開発手法として注目されています。

ブラウンが率いる米企業ＩＤＥＯ（1991年創業）による独創性の高い取組みが知られています。デザインを認知する過程をとらえる思考法の１つとして、暗黙知を具体的に表現して形式知化する方法と考えられています。

その過程では、**ブレーンストーミング**（７－２参照）や**オズボーンのチェックリスト**（７－６参照）などが用いられます。最近では、幅広い産業のプロジェクトでの導入事例が増えています。

システム思考とは、複雑な現象やしくみを全体的なシステムとして体系的にとらえ、全体を構成する部分である要素（企業内の組織やチームなど）間の関係（つながり）を分析する方法です。

経営の分野では、センゲがその著作『学習する組織』のなかで取り入れています。つながりの分析には**因果関係ループ図**（３－７、６－７参照）などが用いられます。

経営哲学を重視した稲盛和夫の世界

イノベーション創出を促進する創造的な思考法が注目されると同時に、企業は持続的成長をめざす社会を構成する一員であるとして、その企業経営のあり方を思考する哲学にも改めて目が向けられてい

◎問題解決手法の歴史（2010年代）◎

年代	分野	人物「代表的な著作」（年）	分野	経済		
2010	経営	コトラー「マーケティング3.0」（2010）		スマートフォンの普及（ユビキタスの時代）デジタル化、AI	暗黙知↓BOK↓プロジェクトマネジメント	暗黙知↓デザイン思考↓形式知
	経営	クリステンセン「イノベーションのDNA」（2011）				
				インダストリー4.0（2011）		
	経営	ハーフォード「アダプト思考」（2011）	創造	ボイド＆ゴールデンバーグ「インサイドボックス」（2013）【7-9】		
	経営	ワッツ「偶然の科学」（2011）				
	経営	リース「リーン・スタートアップ」（2011）		MaaS（2014）		
2015				SDGs（2015）		
				CASE（2016）		
				Society5.0（2016）		
	経営	コトラー「マーケティング4.0」（2017）				

ます。

京セラを社会的な貢献を果たす大企業にまで育て上げた創業者であり、日本航空を再生した経営者としても名高い稲盛和夫氏は、「稲盛経営12カ条」や「六つの精進」などを説き、**経営哲学**を重視した経営の実践を続けていることで知られています。

最近では、その哲学の実践の背景にある合理性について、ＳＥＣＩモデルなど知識経営の理論による説明が行なわれています。「哲学あっての経営」であることが科学的にも明らかにされていくのではないでしょうか。

ＱＣ７つ道具、新ＱＣ７つ道具

品質管理の重要な問題解決手法が、ＱＣ７つ道具と新ＱＣ７つ道具としてまとめられています。

【ＱＣ７つ道具】

定量的な数値データを見える化（可視化）した分析により、わかりやすく管理する方法から構成されます。実際には次の８つの方法がまとめられています。

①グラフ、②特性要因図、③ヒストグラム、④管理図
⑤チェックシート、⑥パレート図、⑦散布図、⑧層別

このうち、②特性要因図は３－６で解説したフィッシュボーン・ダイヤグラム、⑥パレート図は４－11と同じ手法です。⑦散布図は、３－９の相関分析で用いられ、グループ別に分析してデータ間の関係をとらえる⑧層別の方法も紹介されています。

【新ＱＣ７つ道具】

主に数値データの分析を定量的に行なうためのＱＣ７つ道具に対し、言語データなどを対象に定性的な分析を行なうための手法（道具）を集めています。

①連関図法、②親和図法、③系統図法、④マトリックス図法
⑤アローダイアグラム法、⑥マトリックスデータ解析法
⑦ＰＤＰＣ（Process Decision Program Chart）法

このうち、②親和図法、⑦ＰＤＰＣ法は、それぞれ本書の７－３、２－10で解説しています。３－10で紹介した主成分分析は、⑥マトリックスデータ解析法と同じ方法です。

上記の７つ道具は、データに現われる現象の本質をとらえるために役立つものです。品質管理に限らず、データに示される内容をわかりやすく把握したり、伝えたりする基本的な方法として、重要な問題解決手法の１つです。

6章

問題解決に向けた意思決定の方法

Problem
Solving
Method

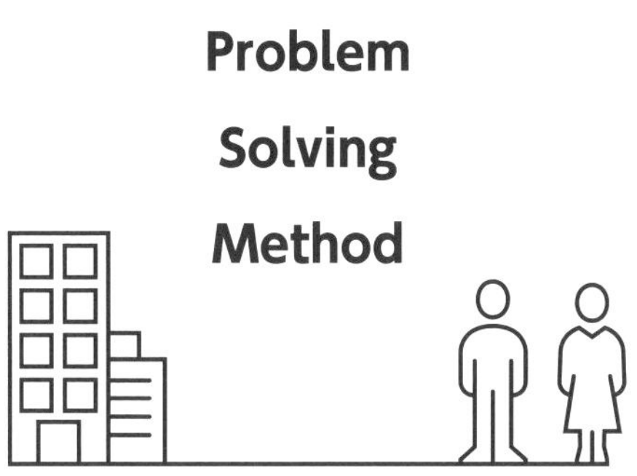

執筆◎坪田 誠治

6-1 問題解決における意思決定とは

「意思決定」とはどういうことか？

５章までで、あるべき姿を設定し、問題を抽出し、解決策を考えてきました。その後に行なうことは、その選択肢のなかから最適と思われる問題解決策を選ぶことです。

つまり、**意思決定**とは「ある目標達成のために複数の選択肢を評価し、そのなかから決定を行なうこと」です。

私的なことであれば、なんとなくの感覚で意思決定しても問題はありませんが、ビジネスにおける意思決定は、１人による意思決定よりも複数のメンバーによる組織的な意思決定のケースが多くなるため、組織内で説明が可能で、納得性の高い意思決定が求められます。

ビジネスにおける意思決定の質を高め、論理的で説明可能な意思決定を行なうためには、意思決定の要素を理解し、適切な手順で意思決定を行なうことが必要です。そして、その際に重要なのは、次のことです。

「なぜそれを選ぶのか」の共有

意思決定に必要な要素

論理的な意思決定を行なうためには、なぜその選択肢を選んだのかという「理由」が必要です。その理由は、まさに複数の選択肢から１つを選び出すための「基準」にほかなりません。その選定基準を決めることが、意思決定の前提となります。

その基準は、一般的にその選択肢を意思決定することによってもたらす効果（結果）の程度が考慮されます。つまり、その選択肢を選択することによる効果が想定できなければ、選択肢になり得ないということになります。また同様に、その意思決定がもたらすリスクも考慮されます。

選定基準は、１つとは限りません。複数の選択肢に対して複数の選択基準が存在することが一般的です。そのような場合、選定基準に対する「重みづけ」を行なうことになります。どの選定基準を優先するのか、どの程度の差をつけるのか、この重みづけも意思決定における重要事項です。

選定基準	×	重みづけ

 意思決定する際の留意点

①制約条件の特定

意思決定は、さまざまな制約条件のもとで行なわれることが一般的です。たとえば、選択肢を実行するための予算、成果のレベルや与えられる時間、ビジネスルール上守るべき条件などです。これらの制約条件を初期の段階に認識することで、効率的な意思決定が可能になります。

②認知バイアス、思考の傾向

先入観や思い込み、人や組織における意思決定の傾向や組織風土を認識し、非合理的な意思決定を避けるように日ごろから留意することが重要です。

この章では、より適切な意思決定を行なうために、上記の意思決定における基準とその重みづけを行なうための考え方やフレームワークを紹介していきます。

6-2

デシジョンツリー

選択肢の想定結果などをツリー構造で表現する

デシジョンツリーとは、複数の選択肢のなかから意思決定をする際に、選択肢とその選択肢がもたらす結果（想定）、およびその確率をツリー構造で表現したものです。客観的に状況を俯瞰することができるメリットがあります。

【こんな意思決定で使える】

- □ 成果に対する確率やリターンなど過去のデータが存在するケース
- □ 調査結果の分析、マーケティング情報の分析など
- □ 企業の戦略検討、業務上の問題解決策の検討など

【デシジョンツリーの使い方】

①テーマと選択肢を樹形図に記載していく

意思決定したいテーマ（出発点となる問い）を決めます。そのテーマに選択肢を線でつなげていきます。それぞれの選択肢にかかる費用も記載しておきます。

②それぞれの選択肢に対して起こりうる結果と確率を想定する

過去のデータ等を参考にして、それぞれの可能性に対して、発生確率と得られるリターンを書き入れます。

③選択肢ごとの期待値を計算・比較して意思決定する

確率とリターンから各結果の期待値を数値化し、算出します。計算式は、「確率×リターン」となります。

【活用のイメージ】

システム開発会社のプロジェクトで次期システムの開発会議を行なっています。次に開発するべきテーマを、スマホアプリにするか、業務用の販売管理システムにするかの意思決定を行なうことになりました。スマホアプリは、開発費が少なくてすみ、ヒットすれば大きなリターンを得られますが、ヒットする可能性は高くありません。販売管理システムは開発費がかかりますが、ヒットする可能性が高い商品です。

このような意思決定を行なう場合、選択肢とその結果のリターンを樹形図に表わし、結果の期待値を数値化するデシジョンツリーを活用した意思決定が有効です。

◎次期ソフトウェア開発の意思決定◎

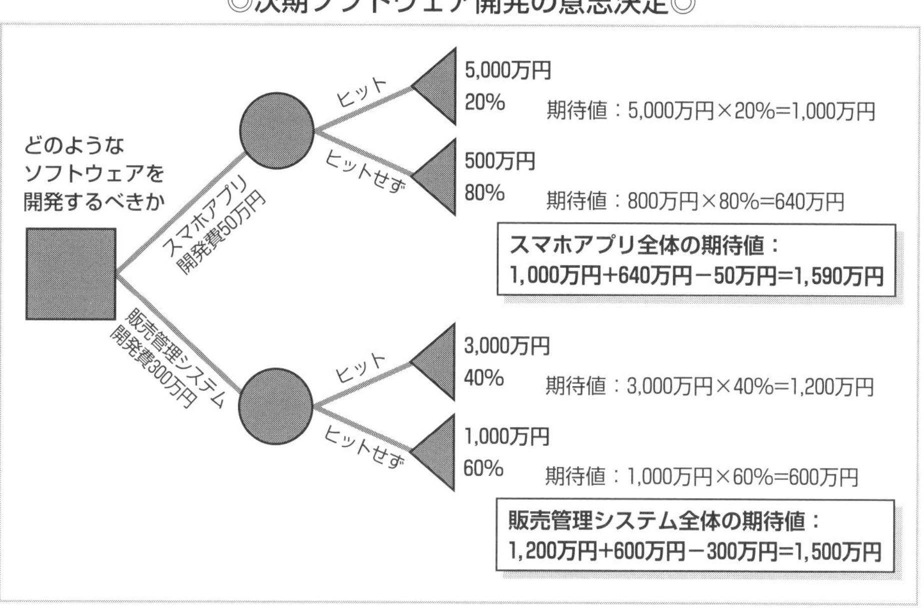

検討の結果、スマホアプリという選択肢が、期待値1,590万円に対して、販売管理システムの選択肢の期待値は1,500万円となり、スマホアプリを選択することが適切であると判断されます。

6-3 階層分析法(AHP)

評価基準の重みづけを「一対比較法」で計算する

階層分析法(AHP)とは、複数の選択肢のなかから選ぶ際に、評価基準の重みづけを「一対比較法」を使って計算する方法です。

【こんな意思決定で使える】

- □ 複数の選択肢と複数の評価基準が存在するケース
- □ 利害関係者が複数存在する組織上の意思決定
- □ 主観的な判断を数値化して意思決定する場合

【階層分析法(AHP)の使い方】

①選択肢と評価基準を階層図で表わす

選択対象の候補(選択肢)とその選択基準を決めます。それを階層図で表現します。

②評価基準間の比較を行なう

評価基準について、どの評価基準がどのくらい重要視されているかを求めるため、調査票を作成し、アンケート等を実施します。同様に各評価基準における選択肢間の比較を行ないます。

③一対比較表を作成する

評価ごとの重要度をスコア付けします。同様に各評価基準の各選択肢の重要度のスコア付けを行ないます。

④総合評価値を算出する

総合評価値=(「基準A」に対する選択肢の重要度×「基準A」の重要度)+(「基準B」に対する選択肢の重要度×「基準B」の重要度)+(「基準C」に対する選択肢の重要度×「基準C」の重要度)

【活用のイメージ】

新しく導入する社内ＰＣの選定会議を行なっています。次に採用すべきＰＣを「価格」「品質」「デザイン」の３つの評価基準をもとに４つの商品から選定していきます。３つの評価基準をどのように重みづけするかが、今回の意思決定のポイントです。

◎次期導入ＰＣを選定する階層図◎

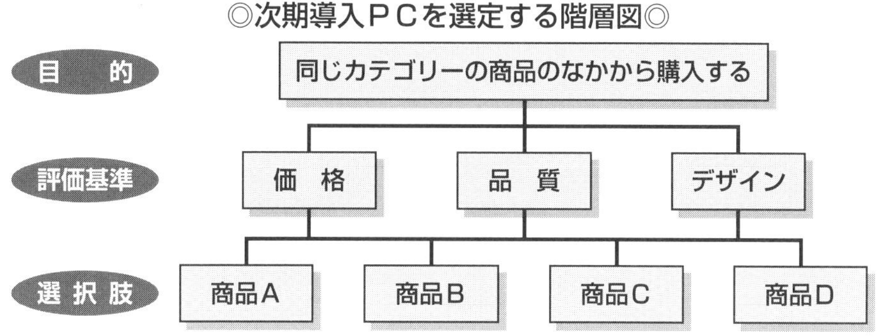

＜評価基準比較調査票＞

	左が絶対的に重要	左がかなり重要	左が重要	左がやや重要	左右同じくらい	右がやや重要	右が重要	右がかなり重要	右が絶対的に重要	
価格										品質
価格										デザイン
品質										デザイン

＜一体比較による総合評価＞

総合評価値				
評価基準	価格	品質	デザイン	総合評価値
重要度	0.720645	0.198394	0.080961	
商品Ａ	0.599520	0.046634	0.125851	0.393947
商品Ｂ	0.146545	0.565405	0.072660	0.209474
商品Ｃ	0.065537	0.300101	0.247674	0.124473
商品Ｄ	0.188398	0.087860	0.553815	0.272107

アンケート等で「価格VS品質」「価格VSデザイン」「品質VSデザイン」の評価を行ない、「価格」における「商品Ａ」と「商品Ｂ」「商品Ｃ」の選定基準ごとの選択肢の比較を行ない、その結果を数値化します。上記の例では、評価基準では「価格」の重要度が高く、結果総合評価では「商品Ａ」のスコアが高くなり、最も有効な選択肢となります。

6-4 達成条件による意思決定のしかた

さまざまな制約条件のなかで最良の選択肢はどれか

ビジネス上の問題解決は、さまざまな制約条件のもので行なわれます。その制約条件のなかで最良の選択肢を選ぶためには、その意思決定の目的を前提に、達成しなければならないことと、達成できればよいことに分けて考える方法があります。

達成しなければならないことを「**MUST条件**」として、プラス要素としてできるだけ達成したいこと（**WANT要件**）を数値化して評価します。代表的な手法としてケプナー・トリゴー法（ＫＴ法）の決定分析があります。

【こんな意思決定で使える】

- □ 複数の解決方法のなかからより多くの効果を得られる最良案を選びたい
- □ その意思決定がどのようなリスクを内在しているか見極めたい
- □ 会社や組織で統一した問題解決の手法を取り入れたい

【この方法の使い方】

①意思決定の目的や決定事項を明確にする

何のために、何を決めるのかを明らかにして、実現したい期待効果や制約条件を考え、目標を設定します。

②設定した目標の分類と重みづけ

実現したい目標を絶対に達成しなければならないこと（MUST）と、できるだけ達成したいこと（WANT）に分類します。WANT要素については、その重要度に応じた重みをつけます。

③選択肢の作成と評価

目標達成のための選択肢（解決案）を複数作成します。各案について、MUST評価、WANT評価（点数評価）をつけて評価します。

④**選択肢の絞り込みと、マイナスとリスクの予想と評価**

MUSTをクリアし、WANTに対する満足度の高い選択肢に絞り込みます。そのうえで、絞り込んだ選択肢を選んだ場合のマイナス面やリスクを想定し、選択肢に対する影響の程度を評価のうえ、最適と考えられる案を決定します。

【活用のイメージ】

M社では、自社の情報発信の効果を高めるためにホームページ（ＨＰ）の再構築を計画しています。ＨＰ構築ベンダーの３社からＨＰ改修の提案・見積もりの提示を受け、どのベンダーを指名するか意思決定を行ないます。

提案内容と見積り金額は、下表のように三者さまざまです。

条　件		A社企画案	B社企画案	C社企画案
達成しなければならないこと	202X年３月末稼働	OK （２月末）	OK （３月末）	OK （３月末）
(MUST)	予算300万円以内	OK (250万円)	OK (300万円)	NG (500万円)
できれば達成したいこと	自社でメンテナンス可能(重要度×７)	８点	５点	５点
(WANT)	低ランニングコスト（重要度×８）	８点	９点	５点
	顧客アクセス1,000以上（重要度×10）	５点	８点	９点
		170点	187点	165点

検討の結果、達成が必要な条件（MUST）をクリアし、かつできるだけ達成したい条件（WANT）の得点が一番高いＢ社を最適と絞り込み、Ｂ社選定に対するリスクを考慮のうえ、最終決定を行ないます。

6-5 ステージゲート法

ステージとその間のゲートを設定する

ステージゲート法は、新製品をアイデアから市場投入し、さらにその先まで展開するためのモデルです。研究開発や事業化を複数のステージに分割し、次のステージに移る前に評価を行なうゲートを設けます。そこでの評価をパスしたテーマのみが次のステージに進み、最終的に製品開発や事業展開を進めていくものです。

【こんな意思決定で使える】

- □ 研究開発や商品の事業化を複数のテーマのなかから効果的に評価したい
- □ 市場性や事業性が不確かなテーマを評価しなくてはならない
- □ 組織で拒否されやすい革新的なアイデアをもれなく評価したい

【ステージゲート法の使い方】

①ステージとゲートの設定

製品開発を一連の管理可能な複数のステージに分割します。各ステージは情報収集活動の「成果物」、その後に意思決定を行なうゲートおよび「評価・決定基準」を設定していきます。

②各ステージにおける情報収集

ステージの活動として設定された成果物に向けて意思決定のための情報収集を行ない、成果物をまとめていきます。

③ゲート会議による意思決定

経営層等のゲートメンバーによるゲートミーティングを行ない、意思決定（ゴー／キル／保留／差し戻し、今後の計画の承認）を行ないます。

④最終意思決定

設定したステージとゲートを繰り返し、最終的な意思決定に至ります。プロジェクトの規模により、「５ステージ・５ゲート」の本格バージョン、中リスクプロジェクト用の「３ステージ・３ゲート」のエクスプレス、規模の小さいプロジェクトを対象とした「２ステージ・２ゲート」のライトが規模によって採用されます。

【活用のイメージ】

製造業A社では、脱下請をめざして自社ブランドの新製品の開発を進めることとしました。複数ある新製品アイデアを絞り込んで市場に投入するために５つのステージを設定して検討することとしました。

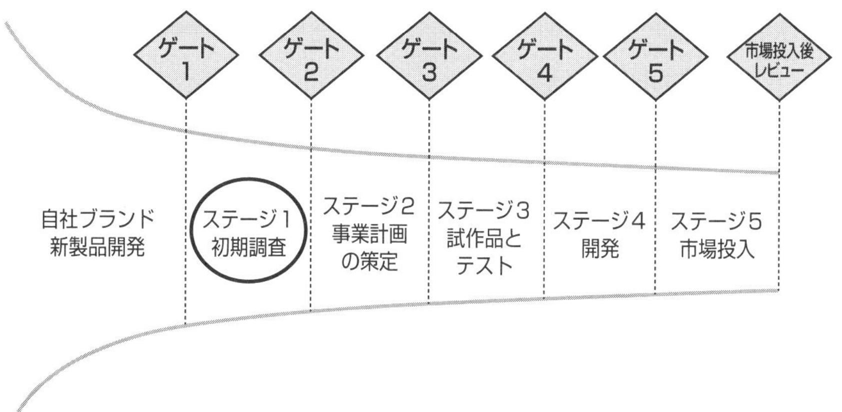

「ステージ１　初期調査」では、同業他社の製品の性能・価格・評価の調査、顧客のニーズや声、業界における同製品の成長性を評価のうえ、アイデアを絞り込みます。チームで調査・分析したうえで、チームとしての提案と「ステージ２」のアクションプランをまとめました。

その内容をもとにゲートキーパー（意思決定を行なう経営層）によるゲートミーティングで進めるべきか否かの意思決定を行ないます。

6-6 不確実性のなかでの意思決定のしかた

戦略意思決定手法を活用する

ビジネス上の意思決定のなかには、将来の不確実性の高い状況で、選択肢の考え方次第で大きく方向が変わり、結果に大きな影響を与える意思決定をするケースがあります。このような場合、将来のプラス面（どうなっていたいか）と将来のマイナス面（特に外的に大きな影響を与える要素）および何を基準に、かつ優先的に判断するかを明確にしたうえで意思決定していきます。

代表的な手法として、米国スタンフォード大学ロナルド・ハワード教授によって考案された**戦略意思決定手法**があります。複雑で不確実な大規模投資等の意思決定において、納得性の高い意思決定をすることを目的としており、日本では籠屋邦夫氏が第一人者として活躍しています。

【こんな意思決定で使える】

□ 資源開発や医薬品開発等、将来の不確定要素が多く、大規模なプロジェクト

□ 組織の知識を集め、組織のリーダーとして質の高い意思決定が必要なプロジェクト

【戦略意思決定手法の使い方】

①検討課題と成功条件を設定する

優先順位の高い課題は何か、複数課題がある場合には、その関連性を考え、これから何をしようとしているのか、どうなったらうれしいか、何ができたら成功といえるかをリストアップしていきます。

②選択肢をそれぞれ検討する

どうなったらうれしいか、何ができたら成功かに対して、それを実現するためのアクション（選択肢）を検討していきます。

③マイナス要因を検討する

自分ではコントロールできない外部的かつ影響度の大きい将来的な要素をリストアップします。さらに、その要素がどのくらいの確率で発生するかを検討していきます。

④選択肢の選択基準と優先度を設定する

選択肢を選択する際の基準とその優先度を検討していきます。自身や組織が選択するうえで重視する価値は何か、どうなりたいかの優先度は何かをもとに設定していきます。

⑤最終的な意思決定

上記をもとに、デシジョンツリー等を使いながら各選択肢の成功の際の期待値とマイナス要因の発生シナリオを計算し、意思決定します。

【活用のイメージ】

小売店Ｄ社は、利益向上の課題に対して３つの選択肢について検討しますが、その際、下記をもとにデシジョンツリーを作成し、各選択肢を数値評価していきます。そのうえで選択基準等を踏まえ、総合的に判断します。

検討課題	選択肢	マイナス要因	選択基準
２年後までに利益を向上させる	２号店のオープン（既存店と合わせて利益の倍増） １号店のコスト削減（コスト削減で利益10%アップ） １号店の売り場拡大（売上30%増で利益10%アップ）	従業員の採用ができない 競合店の進出 従業員のモチベーション低下 顧客のブームが低下する 顧客満足度の低下が起こる	お客様の笑顔を追求する 人員削減はしない

6-7 システム思考の特徴と使い方

問題を起こしている根本的要素を見つけ出す

現在の複雑化した環境において起こる問題は、さまざまな要素が複雑にからみ合って発生しています。発生した問題に対処療法的に対応するだけでは、もぐらたたきゲームと同じで根本的な解決はできません。問題を起こしている根本的要素が何かを見つけ出し、その要素に対応する施策を打たなければなりません。

しかし、さまざまな要素がからみ合っている場合、その要素間がトレードオフの関係になっていたり、関連がないと思われていたものが間接的に影響を与えている場合があります。

「**システム思考**」は、問題を俯瞰的にとらえ、影響を与えている要素を構造的に理解し、根本的な問題解決を行なうことを目的とした意思決定手法の１つです。

【こんな意思決定で使える】

□ 複数の要素がからみ合って構造的問題となっている意思決定

□ 直観的な問題解決で予期せぬ結果となり、根本的解決が求められる意思決定

【システム思考の使い方】

①課題を設定する

システム思考で構造を見つけ出したい、あるいは解決したい課題を明確化します。

②現状のパターンを分析する

現在発生している状況を分析し、どんな要素がどのように関連しているのか、その結果がどのようになっているのかを分析します。

③ループ図でシステム構造を見える化する

● 因果関係を矢印で示す…原因と結果を矢印で示し、その結果がプラスの影響を与えているか、マイナスの影響を与えているかを表わします。
● ループ図の種類を示す…変化を促す「自己強化型ループ」と変化を抑制する「バランス型ループ」を表現していきます。

④システム構造から「望ましいパターン」を考え実践に移す

現状のパターンについて、システム構造を見ながら望ましいパターンを考え、そのための対策を検討していきます。その対策を実行に移し、繰り返し学習しながら展開・強化していきます。

【活用のイメージ】

製造現場（工場）における生産性を低下させる原因となる設備の故障のメカニズムをループ図にします。

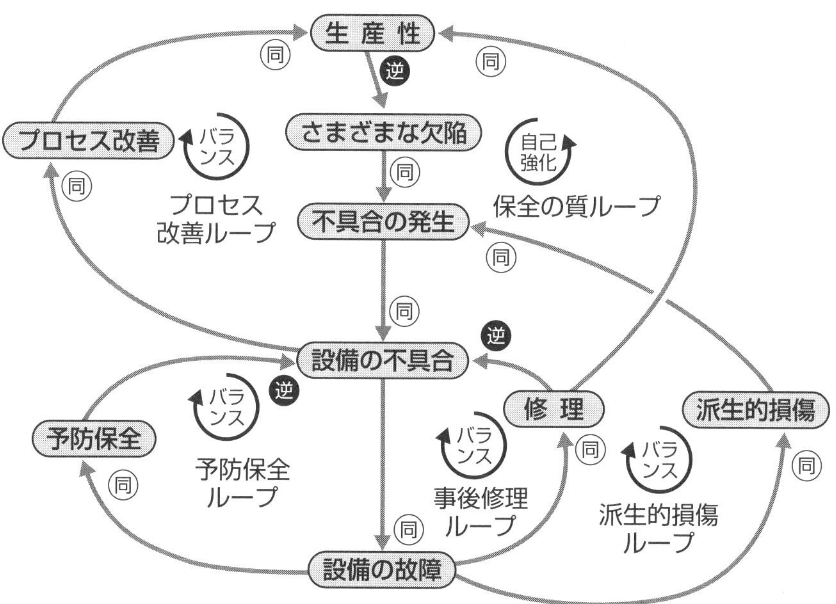

これらの分析を通じて、計画的な予防保全を行なっていくことが望ましいことを見つけ出していきます。

6-8 問題解決とリーダーシップ

問題解決にリーダーシップは必要不可欠

問題解決においては、意思決定後に実行されて初めて成果となり、問題解決の実現となります。意思決定のフェーズおよび実行段階において、リーダーシップが重要であることは論をまちません。

また、リーダーシップについては、さまざまなリーダーシップ論が存在します。ここでは、企業や組織が変革を求められる際に、その変革を担う者が持つスキルとしてのリーダーシップとして、ジョン・P・コッターのリーダーシップ論を中心に見ていきます。

特に、リーダーシップをマネジメントと対比して、リーダーの持つべきスキルを概観していきます。

マネジメントとリーダーシップの違い

リーダーシップとマネジメントは、区別して考えるべきものですが、お互いに補完しあうものです。現在の複雑で変化し続けるビジネス環境においては、どちらも必要なスキルとなっています。

◎違いについて定義してみると◎

マネジメント	ビジネス上の問題解決やさまざまな複雑で困難な状況をうまく対処すること。人や組織をコントロールし、問題を解決することで計画を達成する。
リーダーシップ	ビジネスや組織で必要とされるさまざまな変化に対処すること。方向性を定め、組織メンバーの心を１つにし、ビジョンを達成するために動機づけを行ない、正しい方向に導くこと。

リーダーに必要なスキルとは

以下の3つについては、必ず身につけておきたいものです。

①方向性の設定

事業や組織が置かれている状況について、さまざまなデータを集め、その情報を分析・判断し、向かうべき方向性を導き出す。つまり、ビジョンと戦略を生み出すことです。

ビジョンを描くうえで重要なのは、「誰を対象とするのか」「どのくらい貢献するのか」が適切であることです。お客様や社員に対してどのくらいの利益をもたらすのかが明確で適切であることが大切です。

もう1つは、ビジョン実現に向けた戦略が実現可能であり、メンバーが共感できるものであるかどうかです。

②メンバーの精神的統合

リーダーには、メンバーを組織化することではなく、1つにまとめることが求められます。この1つにまとめることは、結局、いかにコミュニケーションをとるかにかかってきます。

そして、リーダーシップのコミュニケーションにおいて重要な点は、いかにメンバーの信頼を獲得するかです。その信頼はリーダーの実績、誠実さ、言行の一貫性などの人間性からもたらされます。

③モチベーションの維持・向上

リーダーは、戦略策定に際し、メンバーに参画させ、自らの参画意識、帰属意識を高めることが求められます。

あるいは、達成感や正当な評価、自尊心の尊重といった価値観に訴えるコミュニケーションなどのさまざまな方法を通じて動機づけを行なっていくことが求められます。

6-9

問題解決のための会議のすすめ方

有効な意思決定を行なう会議を運営するには

組織における意思決定は、さまざまなシーンで会議によって行なわれます。つまり、より有効な会議を運営することが、より有効な意思決定を行なうことにつながるといえます。同様に、会議を有効に運営し、最適の結論に導くことがリーダーに求められるスキルといえます。

議論が紛糾して何も決まらない会議や、誰も発言せず議論が活性化しない会議、そして会議で決定したことが何も実行されないといったことがないようにするために、有効な会議の運営方法について、会議の準備、実施、フォローアップの順番で見ていきましょう。

【会議の準備】

①**目的と目標の設定**…そもそも、その会議が必要なのか、何のために会議をするのか、得たい結論は何かを改めて検討し、会議の目的と目標を設定して、会議当日の進め方、議論の展開シナリオを描きます。

②**参加者の決定と役割・責任の明確化**…会議での意思決定において、必要な知識や情報を持っている者、決定や計画を承認する責任者、会議での決定事項を実施するメンバー、議長となるべき者を想定し、会議の参加者が会議に貢献できるために、会議に参加すべき者と役割・責任を明確にします。

③**会議会場の環境整備と開催通知**…いつ、どこで会議を開催し、どのような設備や備品が必要かをはっきりさせます。会場のセッティングは適切かどうか、必要な視聴覚機器は準備できているか、どのような資料が必要かを決め、会議参加者に開催通知を送付し

ます。

<開催通知の主な項目>

●会議タイトル　●会議の目的と目標

●議題　●参加者　●役割と責任

●必要な準備作業　●必要な資料

●開催日、開催時間、終了時間、開催場所

◎会議通知書の例◎

○○会議
年　月　日
作成者　○○

1．本日の目的と目標
・・・・・・・・・・・

2．日時・場所

3．本日の議題
①
②
③
④

4．事前準備事項
・○○について情報を調べておくこと
・××アイデアを3つ考えておくこと
・

4．

5．議長　　記録係
参加者　A部長、B課長、Cさん、Dさん

6．持参資料

【会議の実施】

①**会議の開催**…参加者が1つの方向で議論し、わき道にそれないように開催通知を確認しながら会議を開始します。

②**会議の推進**…会議の目的と目標達成に向けて、議論をコントロールし、メンバーの役割と責任を考慮しながら、参加者を巻き込み、議論を進展させていきます。議論と結論を分けて進行させ、結論についての合意をめざしていきます。

③**会議の終了**…会議の決定事項・未解決事項・保留事項の確認と取扱いを決定します。決定事項に対するアクションプランの確認と実行の合意を得て終了します。

【会議後のフォローアップ】

①**会議の評価**…会議後に、その会議は目的、目標が達成されたか、議題どおり進められたか、全員が会議に参画したか、準備は十分であったか、議事録は配布されたか等を評価し、次の会議の改善に活かしていきます。

②**フォローアップ**…会議で決定したアクションプランが計画どおりに進んでいるかを確認します。計画どおり進んでいない、あるいは目標が達成されていない場合は、原因の追求と改善を行ないます。

意思決定には数値化が必須

筆者がかつて会社勤めをしていたときに、当時所属していた事業部で大手コンサルティングファームからコンサルティングを受けるために3社から提案を受けていました。そして事業部の責任者からは、私を含めた数人に対して、「どのコンサルファームの提案がよいか報告せよ」との指示がきました。

おそらく、私たちに対して大手コンサルファームの提案内容を見て勉強しなさい、というメッセージだったと思いますが、分厚い提案書を3冊持ち帰って読み込んだものです。コンサルを受ける立場である自社の状況に対する理解や解決に向けた手段などは三者三様で、それぞれのコンサルファームの色が出ていて興味深かったと記憶しています。

いくつかの評価軸を設定し、提案書を評価したうえで責任者に報告しましたが、報告内容としてはあまりいい報告ではありませんでした。

それは、考え抜いたさまざまな視点から評価したものの、その評価を数値化（点数化）していなかったからです。

三者三様でそれぞれにいい点はあるのですが、最終的に数値化して評価しないと優劣はつけられません。つまり、意思決定できません。

たとえ、その評価・点数に対して意見が分かれても、議論して数値化できれば意思決定できますし、有効な議論になります。

その経験があってからは、評価するときには数値化することが重要であると認識し、提案に対する評価だけでなく、こちらから提案する際にもその効果を数値化する習慣をつけていきました。

7 章

問題解決のための発想法

Problem
Solving
Method

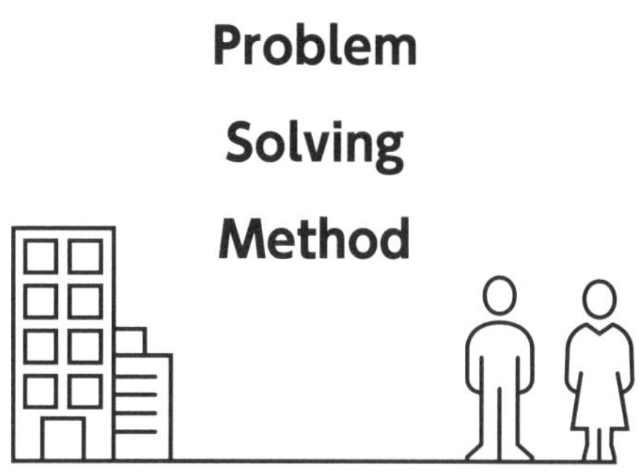

執筆 ◎ 坪田 誠治

7-1 アイデア発想のためのプロセスと発想法

アイデアの発想が問題解決につながる

問題解決を進めていくうえで、さまざまな場面でアイデアの発想が必要になります。問題解決におけるテーマ設定、あるべき姿を考える、問題抽出のための情報収集、問題解決の方法など、まさに「**問題解決＝アイデアの発想**」といっても過言ではありません。

アイデアの発想は、まったくのゼロから新しいアイデアをつくり出すだけではなく、既存の要素の組み合わせによってアイデアをつくり出していきます。

その既存の要素をどのように集め、どのように組み合わせるか、そしてその組み合わせの材料と組み合わせ方が、よいアイデアを生み出す秘訣です。この既存要素の組み合わせは、アイデアの発想プロセスを理解し、アイデアの発想法（フレームワーク）を使いこなすことが有効です。

アイデア発想のプロセス

アイデアを発想するプロセスは、情報を集め、アイデアを多く出し、そのアイデアを絞り込むという3つのプロセス（右図）で行なわれます。

①テーマに関する情報を集める
↓
②アイデアを数多く出す
↓
③アイデアを絞り込む

①情報を集める

まずは、関連しそうな情報を数多く集めます。情報はアイデアをつくるための素材であり、その素材をさまざまな角度で解釈することで、新しい見方をつくり出します。それが要素の組み合わせを行なうことにつながります。

②アイデアを数多く出す（アイデアの発散）

次に、アイデアを数多く出すという作業を行ないます。テーマに対して要素や選択肢を思いつくだけ出していきます。これが「アイデアの発散」です（下図参照）。

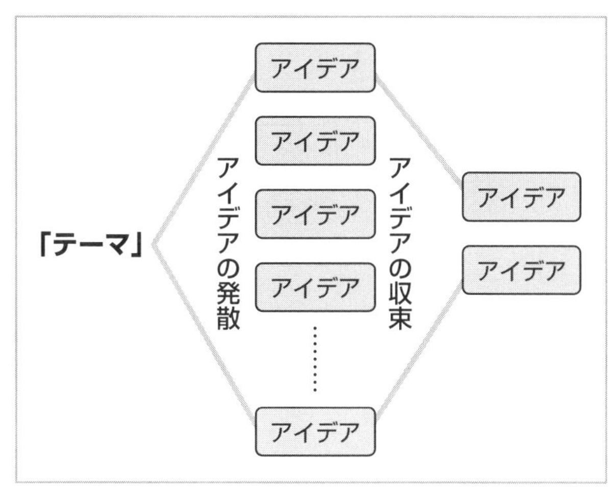

この「アイデアの発散」では、より多くのアイデアを出すことが重要で、質よりも量を重視します。既成概念にとらわれず、自由に発散することを意識します。

ここで発散が不十分であると、思考が広がらないまま結論に至ることになり、ありきたりな固定概念にとらわれた結論になってしまいます。

③アイデアを絞り込む（アイデアの収束）

アイデアの発散で広げた情報を、結論に向けてまとめていくプロセスが「アイデアの収束」です。このプロセスでは、広げた情報のなかから共通点を見出し、情報と情報の関連性を意味づけすることによって、アイデアの整理・統合を行ない、結論に向けて収束させていきます。

なお、アイデアの発散と収束は、1回で終わりというものではなく、発散と収束を繰り返し行ない、結論の質を高めていきます。

この章では、アイデアの発散から収束に使える発想のためのフレームワークを見ていきます。また、近年注目されている新しい発想法についても、その概略を紹介していきます。

7-2 ブレーンストーミング

複数の人が自由にアイデアを出し合う

「ブレーンストーミング」とは、ある特定のテーマについて複数人でアイデアを出し合うことで、特にユニークなアイデアを発想することを目的とした会議法です。

ブレーンストーミングは、少人数で手軽にでき、効果もあることからアイデアを出す手法としては非常にポピュラーな方法です。多くの企業や組織、チームで行なわれています。

【使い方】

参加者がそれぞれ一定時間内に付箋紙などにアイデアを書き出し、ホワイトボード等に貼り出しながら意見交換し、さらにアイデアを膨らませて、数多くのアイデアを出していきます。

【基本的なルール】

①**人の意見を否定しないこと**…「こんなことを言ったら批判される」という雰囲気をつくらないことが重要です。

②**質より量**…とにかく数多くアイデアを出すことを重視します。制限時間を決めて、時間内にどれだけアイデアを出せるかが勝負です。

③**相乗り歓迎**…人の意見を参考にする、人の意見を修正・追加してアイデアを出す、人の意見から他を連想してアイデアを出す、といったことを積極的に行ないます。

④**自由奔放**…思いついたことをどんどん書き出していきます。突拍子もないことや的外れと思われることも、気にせずアイデアを出していきます。

【実施するうえでの留意点】

①**実施人数**…３～７人程度とし（あまり多人数は不向き）、最適人数は４人ともいわれています。人数が多い場合は、２チームに分けるなどの工夫をしましょう。制限時間を決めて進めることも必要です。

②**進行役**…アイデアを出させ、そのアイデアを膨らませるなどの工夫をします。全員がイスに座って議論するよりも、ホワイトボードの前などに集まって議論するほうが活性化します。進行役の巧拙で成果に差が出るので、いろいろと工夫してみてください。

【活用のイメージ】

Ａ社では、自社の営業力を向上させて、売上拡大を図ろうとしています。そこで、営業力向上のための施策についてアイデアを出すためのブレーンストーミングを行なうことになり、ホワイトボードには以下のようなアイデアが出ました。

A社の営業力を強化する

営業の人数を増やす	ペア営業の体制にする	外出時間を増やす	マニュアルをつくる
営業付帯業務を減らす	営業研修を受ける	優秀者のマネをする	上司がサポートする
提案書を共有する	成功事例を集める	失敗事例を集める	営業代行を使う

ブレーンストーミングでアイデアを出して終わりではありません。そのアイデアをもとに、「だから何なのか」という結論を導きます。その方法は、次項以降の親和図法などによって行ないます。

7-3 親和図法

論理的に整理するアイデア収束技法

「**親和図法**」とは、ブレーンストーミング等で出された多くのアイデアの絞り込みを行ない、論理的に整理して問題解決に向けた道筋をつけるもので、アイデア収束技法の１つです。収束技法の代表的なものとして、川喜田二郎氏の**ＫＪ法**があります。

【使い方】

①ブレーンストーミング等でつくられた付箋紙などを関連性のあるもの同士でまとめていき、内容を簡素に表わす見出しをつけます。
②上記で作成されたグループをさらに大グループとしてまとめていき、見出しをつけていきます。
③グループ化した付箋紙群の相関性を図解化し、文章化します。文章化すると、新たな発見と他者への説明ができるようになります。

【実施するうえでの留意点】

親和図法は、アイデアを整理するためだけに行なうものではありません。アイデアを収束させて関係性を見つけ出し、解決策を導くためや、新たな発想を得るために行ないます。

グループのまとめ方や見出しのつけ方は、どのような視点で考えるかでさまざまな意見が出てくることがあります。チームで行なう場合、他者の考え方や意見に素直に耳を傾ける姿勢が必要です。チームのメンバーを変えることや、時間をおいて再考することで新たな発見が起こることもあります。これも机に向かっているよりも、ホワイトボードなどに書き出し、チーム全員がホワイトボードに向かって議論するほうが活性化します。

進行役がさまざまな視点からの切り口を提示し、議論の可能性を広げることで解決策に広がりがでます。進行役は一歩引いて俯瞰的に議論を見るようにしてみましょう。

【活用のイメージ】

A社で行なった営業力向上のためブレーンストーミングを親和図法でまとめたところ、「営業の体制」の変更、「営業の量」を増やす、「営業の質」を上げる、「アウトソーシング」を活用するという施策が考えられました。

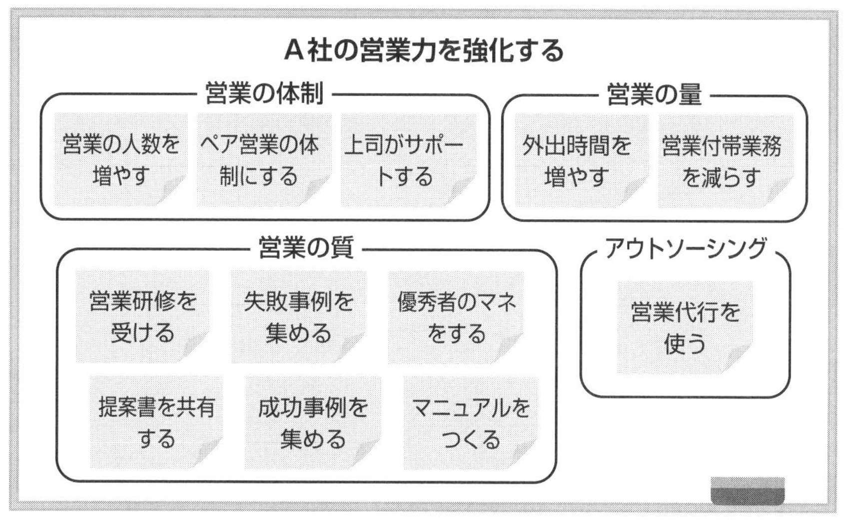

短期的な取組みから優先的に行なうという上司からの指示があり、体制を工夫しながら営業時間を増やす取組みを行ない、増加した営業活動情報をもとに営業の質を高めることで営業力の向上を実現していくという方針で報告することになりました。

ここでは、「質と量」という一般的なフレームワークを使ってまとめています。ヒト・モノ・カネやＳＷＯＴ分析などのフレームワークを駆使しながらまとめるのも有効です。また、孤立した意見について議論を深めることも重要です。多数決が最良とは限りません。

7-4

連想によるアイデア抽出

関連項目を連想して線でつないでいく

あるテーマに対して、連想をきかせて頭のなかに浮かぶイメージや映像、ワードをアイデアとして抽出していく手法があります。連想したもの、たとえば物理的・論理的に近接しているもの、テーマを構成している構成物、似ているものや対象となるもの、時系列に発生するもの、影響を与えたり受けたりするものを切り口として、映像化して想像していきます。

代表的な手法には、トニー・ブザンが提唱する人間の脳のしくみに合った発想・思考法である**マインドマップ**などがあります。

【こんな時に使える】

□ 考えがまとまらない、言葉でうまく表現できない
□ アイデアの発想をもっと広げたい
□ 記憶を整理し、記憶しやすいようにノートに記述したい

【使い方】

①ノートやホワイトボード等にメインテーマを記載します（あるいは絵として描きます）。
②メインテーマに関連するキーワードを連想して、その絵やワードを記載し、線でつないでいきます。
③各キーワードをさらに詳細化したり、関連性をもとにアイデアを広げていき、線でつなぎます。
④キーワードを出しきるまで続け、関連性や重要度で再配置します。

このような基本ルールはありますが、厳密に守る必要はありません。整理して理解すること、発想することを優先して書いていきま

す。文字だけでなく、イメージや映像を使うことで右脳を活性化させ、アイデアの広がりや理解・記憶の定着化を促進させましょう。

【活用のイメージ】

A社では、業務改善の一環として、工場の改善に取り組むことになり、プロジェクトチームで工場の改善について、どのような項目で改善を考えるかを議論することになりました。

まずは自由な発想で検討項目を洗い出すことを目的に議論を進めていきました。

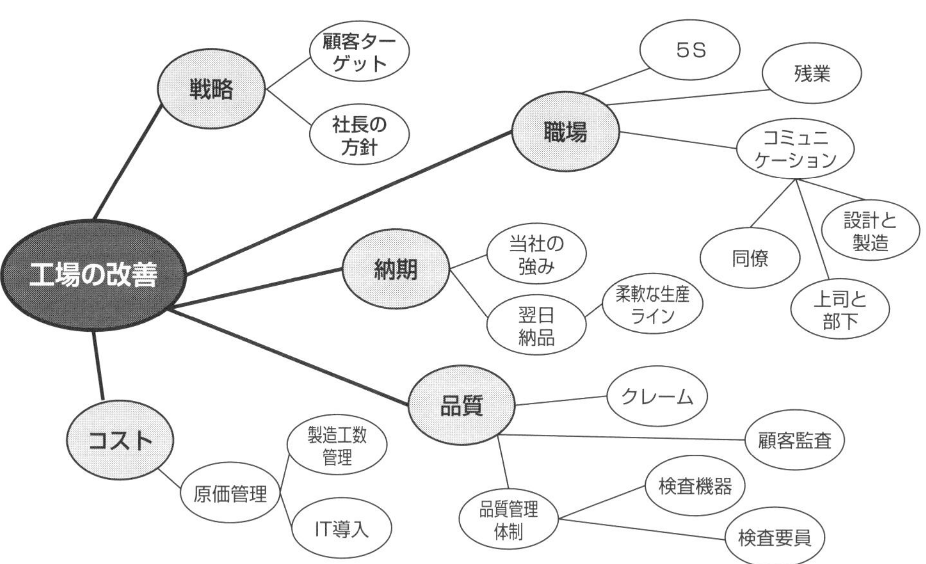

複数のチームで上のような図を作成し、その後、議論した結果、共通的に多くの意見が出された「職場のコミュニケーション」にフォーカスをあてることになりました。現場のヒアリングや社員のアンケートなどを通じて実態把握を進めることになりました。

このように、キーワードに対して俯瞰的に全体像をとらえ、そこから詳細化するようなケースもあります。また、アイデア創出のツールとしてだけでなく、メモやノートをこのような形式でとることで、より理解と記憶を促す使い方もあります。

7-5

マンダラート

3×3のマスを使って発想を広げていく

「マンダラート」とは、今泉浩晃氏が考案した発想法です。紙に3×3のマスをつくり、そのマスにテーマを書き込んでいきながらアイデアを広げていくものです。曼荼羅のように中心から放射状にマスを用いて発想していきます。紙と鉛筆さえあれば簡単にできる、手軽な発想法として利用されています。

【こんな時に使える】

□ 手軽に、1人あるいは少人数でアイデアを発想したい

□ 数多くのアイデアを強制的に創出したい

□ 思考の整理や目標設定にも使いたい

【マンダラートの使い方】

①紙に縦3マス×横3マス、合計9マスのマス目を書きます。

②中心のマス目にこれから思考や発想を深めたいテーマを書き込みます。

③テーマを書いたマス目のまわりのマスに、テーマに関連した内容を思いつくまま書いていきます。

④9マスすべてを埋めたら、その9マスの外側に同じように3×3のマスを作成します。

⑤最初に作成した9マスのうち、中心以外の8マスの内容を外側のマスの中心に書き写します。

⑥外側のマスに対して、③と同様の作業を繰り返していきます。

なるべく中心のマスに対する8つのマスに書く内容の粒度を合わせることがポイントです。最初の中央のマスに入れる内容が8つ以

上ある場合は、レベルアップあるいは統合するなどして、８つに収めます。８つに足りない場合は、８つになるようにアイデアをひねり出します。ポイントは、この８つに足りないときには、多少強引でもアイデアをひねり出すということです。

【活用のイメージ】

Ｚ社では、販売管理システムの構築を検討しています。そのシステムで必要とされる機能について、チームで議論することになりました。ヌケやモレのないように必要な機能を抽出するために、次のようなマンダラートを活用することにしました。

見積作成	商品検索	顧客検索	仕入先登録	発注入力	仕入入力	商品登録	入庫処理	出庫処理
承認機能	**見積・受注**	販売実績	承認機能	**発注・仕入**	納期管理	ロケーション管理	**商品・在庫**	棚卸処理
納期回答	受注入力	売れ筋	支払指示	買掛管理	仕入先管理	B在庫管理	A在庫管理	返品処理
会計	EC・EDI	e-mail	**見積・受注**	**発注・仕入**	**商品・在庫**	出荷指示書出力	納品書等出力	ピッキングリスト出力
承認機能	**連携**	スマホ	**連携**	販売管理	**出荷・納品**	承認機能	**出荷・納品**	ピッキング
物流センター	生産管理	外注先	**顧客管理**	**需要予測**	**請求・売掛**	トラッキング	配送指示	梱包
顧客登録	検索機能	組織管理	商品登録	検索機能	イベント入力	取引先登録	与信管理	サイト管理
訪問履歴	**顧客管理**	DM機能	承認機能	**需要予測**	需要予測	承認機能	**請求・売掛**	手形管理
営業支援	購買履歴	ABC分析	自動発注機能	在庫連携	発注点管理	ファクタリング	入金消込	滞留管理

まず、主要なサブシステムを洗い出し、外側の枠でサブシステムに必要な機能の洗い出しをしました。

ここでは、「販売管理システムで必要な機能」を考えるとしてマンダラートを使いました。ある課題を解決するための解決策をテーマとして使えば、問題解決のための活用法になります。

また、目標設定としてマンダラートを活用することもできます。有名なものとして、メジャーリーガーの大谷翔平選手が高校生時代に、「８球団からドラフト１位を指名される」ことを目標として、そのために何をするかを考えるためにマンダラートを活用したものがあります。さまざまな活用方法があるので、試してみてください。

7-6 強制的アイデア抽出法

無理にでもアイデアをひねり出す

アイデア出しに行き詰まったり、よいアイデアが出てこない場合には、特定の視点やヒントをもとに、強制的にアイデアをひねり出そうとするものです。

代表的な手法として、**オズボーンのチェックリスト**やそれを改良した**ＳＣＡＭＰＥＲ法**があります。オズボーンのチェックリストは、あらかじめ設定してある９つの問いに対して、ＳＣＡＭＰＥＲ法は７つの問いに対して、キーワードを当てはめていき、何かしらの答えを出すことを試しながら発想していきます。既存の商品やサービスの改善や改良する方法を考える際などに有効です。

【使い方】

テーマあるいはキーワードに対して、事前に用意した視点、ヒントを当てはめて考えていきます。

オズボーンのチェックリスト	SCAMPER法
他に使い道はないか？	他のものに置き換えてみたらどうか？
他のアイデアを借りられないか？	何かと組み合わせたらどうか？
変えてみたらどうか？	他のアイデアをまねできないか？
大きくしてみたらどうか？	サイズや色などを変えてみたらどうか？
小さくしてみたらどうか？	他に使い道はないか？
他のもので代用できないか？	ある部分を取り除くとどうなるか？
他のものと入れ替えてみたらどうか？	何かと入れ替えたり、逆にできないか？
逆にしてみたらどうか？	
何かと組み合わせてみたらどうか？	

【活用のイメージ】

①会社案内の有効利用についてアイデアを考えてみる。

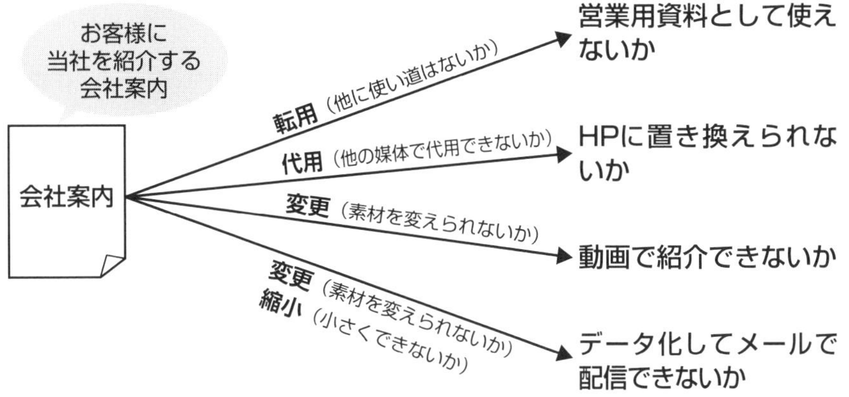

②工場の生産工程を改善するアイデアを考える。

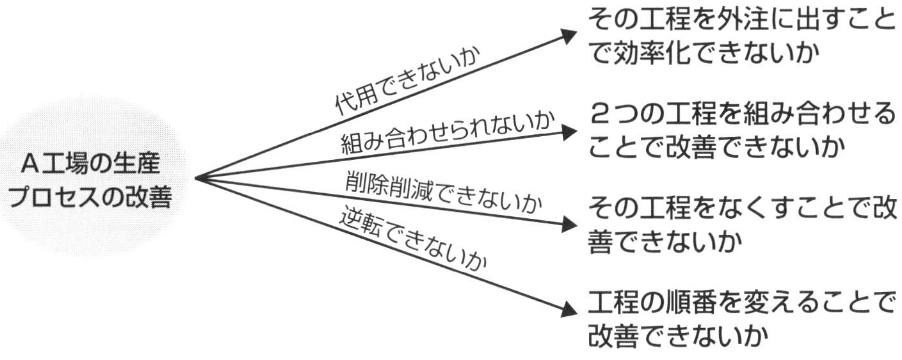

③身のまわりにある具体例

- 「朝専用」缶コーヒー…通常の缶コーヒーの意味合いを変えて「朝専用」としてパッケージング化することでヒット商品に。
- 「黒い（色付き）マスク」…マスクは白が当たり前であったものを黒に色を変えることで、ファッション性を高めるという別の機能を付加してヒット商品に。

そのほかにも数々の具体例があります。自社の製品に応用できないか考えてみましょう。

研修とボードゲームの効用

参加者が夢中で行ない、発想力も鍛えられる

数多くの企業で、**ボードゲーム**を研修に取り入れています。

研修目的はさまざまで、たとえばチームや組織づくり、さまざまなひらめきを導くことで思考を深める訓練、財務や情報技術などの基礎知識の獲得、戦略的思考を鍛えるなどなどです。どの企業がどのゲームを採用しているのか、積極的には公開されていませんが、新入社員研修から幹部研修まで幅広く採用されています。

導入のスタイルもさまざまで、研修会社が研修の一部として企業から請け負う、ゲーム制作会社が研修を請け負う、自社の人材開発担当が自社で購入したり自分でつくったりして行なうなどです。

社員研修にボードゲームを使用した歴史は不明ですが、あまり古いゲームを研修目的で使用する意味はなさそうです。「戦略ＭＧ（財務的なものの見方を獲得できる）」「ビールゲーム（サプライチェーンを理解するためのゲーム）」という有名な研修用ゲームは40年くらいの歴史があります。ビジネス向けのものは、それ以降、発展して現在のような状態になってきたといえます。

現在では、販売業務向け、流通管理向け、ソフトウエア開発向け、形状創造型、経営幹部向けなどに開発され、提供されないジャンルが見当たらないくらいに発展しました。ゲーム自体も無料提供から有料まであるし、「レゴ」や「モノポリー」などの有名なゲームを使った研修も行なわれているので奥深さは相当なものといえます。

ゲームを使った研修は、参加者が夢中で行ない、チーム形成力もあり、学び効果も高いという点で評価されています。思考力・発想力を刺激していることに疑いはありません。

ただし、新しい研修スタイルなので、定量的な効果測定や具体的

◎ボードゲーム研修のすすめ◎

【ボードゲームの魅力】

●種類が豊富にあり、模擬体験ができる
●各種基礎知識、専門用語が効率よく獲得できる
●講義を聴くだけの研修とは異なり、常に頭脳がフル回転の状態で、とてもハードだが、参加者が夢中になる
●グループ内の仲間意識が自然な状態で形成される

【ボードゲームの種類】

●勝負を競う形式…チームで頂点をめざす、陣地を獲得するなど
●ミッションを達成する…ゲームの材料を使って指令を達成する
●クリエイトな創作…何かを造形する、モデルを作成する
●ロールプレイング…経営者などの疑似体験

そのほか、1人でやるものから数名のチーム形式で競うものまであります。

【ボードゲームのポイント】

①研修にはインストラクターをつけることが望ましい（進行役、まとめ役として最大の効果を得るため）
②10人の研修で3時間程度だと20万～50万円程度必要
③経過や結果の振り返りも必要
④費用対効果のためには研修効果も評価する

な成果がどう出るかなどの課題もあります。現在ではゲームクリエイターも増えて、まだまだ広がりを見せている状態です。これからも実用事例が出てくる研修ツールといえます。

7-8 アイデアを発展させる手法

既アイデアを評価したうえで新たなアイデアを出す

ブレーンストーミング等で出したアイデアを、いくつかの視点で評価し、さらに新たな視点からアイデアを出していく手法があります。代表的な手法は「**PMI法**」です。PMIは、プラス（Plus)、マイナス（Minus)、インタレスト（Interest）の頭文字からきています。

【こんなときに使える】

□ 出てきたアイデアを評価したい

□ アイデアをさらに深掘りして新しいアイデアに発展させたい

【PMI法の使い方】

①テーマやアイデアに対してプラスの点、よい点をあげていきながら、議論していきます。

②テーマやアイデアに対してマイナスの点、よくない点をあげていきながら議論していきます。

③テーマやアイデアに対して興味がわくこと、ときめくこと、疑問に思うことなどをあげていきながら議論していきます。

これらの点を右のようなシートに記入します。

テーマ・アイデア	
プラス（Plus）	マイナス（Minus）
インタレスト（Interest）	

【活用のイメージ】

A社プロジェクトは、今後の事業拡大策を検討してきました。まずは、ブレーンストーミングでさまざまな策についてのアイデア出しを行ない、有力ないくつかの案について深掘りして検討することになりました。

検討段階では、A社は、製品力・技術力には優れているが、販売・営業力が弱いため、「営業力の高いB社と提携する」という案（アイデア）が出されました。

アイデア「B社と提携する」	
プラス（Plus） ●商品の早期の売上が可能 ●B社の販売網を活用できる ●B社の販売ノウハウを得られる	マイナス（Minus） ●販売単価の低下につながる ●自社の販売力がいつまでたっても高まらない ●顧客ニーズが直接入ってこない
インタレスト（Interest） ●B社の持っている商品と組み合わせはできないか ●B社の提案力によって商品開発のヒントを得られないか ●B社にコントロールされてしまわないか	

ＰＭＩ法にもとづいて議論した結果、上図にあげたように、B社製品との組み合わせで新しい付加価値が出せる製品になるのではないかというアイデアなどが出て、さらなる調査・検討を行なうこととなりました。

7-9

制約条件下での思考法

制約のなかで考え抜くことの必要性

イノベーションを生み出す発想は、既存の考え方や固定概念を超えて発想する“ブレークスルー”が必要だといわれています。一方、あえて制約のなかで考え抜くことで、革新的な発想を生み出そうとする考え方があります。

コロンビア大学ビジネススクールのJ.ゴールデンバーグらは「**インサイドボックス**」という考え方を紹介しています。

インサイドボックスは、歴史上のイノベーションを研究した結果、大きなブレークスルーは、「制約のなか」（インサイドボックス）で考え抜くことで生まれたことを立証し、提唱した**創造的思考法**です。

イノベーションの質とスピードを高めるためには、一定のひな型に則って勝手知った世界の内側で考えるべきであり、使える資源に制約をかけて考えることでアイデアの無秩序さを防ぎ、生産的な思考が可能になるとしています。

このような考え方は、いままで見てきた問題解決手法や思考法・発想法にも通じるものがあります。さまざまなフレームワークも、ワクにはめて考えることで、スピーディに一定のレベルの解決策を見出そうとするものです。

ビジネスの実態においては、使えるリソースが限られたなかで解決を迫られることがほとんどです。使えるリソースは何かを明らかにし、それらをどのように組み合わせたり、形を変えたりすることによって、新しい価値を創出していく手法は、ビジネスの世界以外でも存在します。右ページ下表に示した発明のための思考法も参考になります。

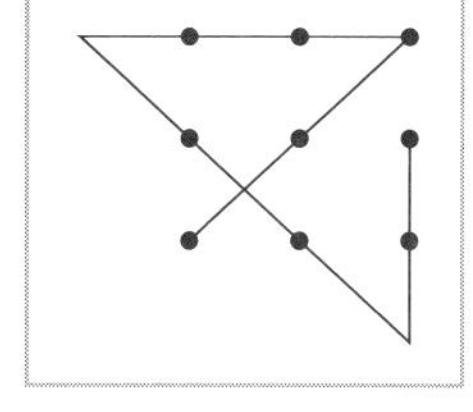

9つのドットを4本の直線で一筆書きせよという有名な**ナインドットパズル**という思考法があります（右図参照）。

これは、創造的な思考は「ワクの外で考えるべき」というものですが、ある実験では、事前に「ワクの外まで線を引く」ことをヒントとして与えても、正解率は高まらなかったそうです。「ワクの外で考えること」と創造的であることは関連性がなかったという推察になったようです。

その点を踏まえてか、インサイドボックスは、成功事例を分析した結果、「引き算」「分割」「掛け算」「一石二鳥」「関数」という5つのひな型を使うことを提示しています。

発明のための思考法についても、たくさんの手法が発表されています。その一部を例としてあげておきましょう。

TRIZ（トゥリーズ） 「発明的問題解決理論（直訳）」	旧ソ連海軍の特許審査官であったゲンリッヒ・アルトシュラーが研究を始め、現在に至るまで研究されている。（1940年代以降）	G.アルトシュラーが、さまざまな特許を調べるうちに発見した一連の発明法則
体系的発明思考（SIT） Systematic Inventive Thinking	Roni Horowitz博士（1990年代前半）	TRIZを簡単にすることを目標として発展させる
統合的構造化発明思考法（USIT） Unified Structured Inventive Thinking-How to Invent	Ed Sickafus博士（1997年）	SITを自動車業界の問題解決に合うように工夫

7-10 デザイン思考の考え方・活用法

デザイン思考とは

近年、製品開発等で「**デザイン思考**」を採用する企業が増えています。デザイン思考は、単なるアイデアの発想法ではなく、アメリカのデザインコンサルタント会社であるＩＤＥＯ社のティム・ブラウンが提唱したイノベーションを生む思考法です。

デザイン思考は、デザインした製品やサービスを利用するユーザーの真のニーズを理解し（ユーザー中心のデザイン）、そこから新たな戦略などを見つけ出して、ビジネス上の問題解決を設計していこうとする手法です。日本においても、大手自動車メーカーや家電メーカーをはじめ、さまざまな企業でデザイン思考の手法を取り入れた新製品開発に活用されています。

デザイン思考の考え方

デザイン思考は、ユーザーニーズの本質のなかから解決策を見つけ出していこうとするもので、派生的にさまざまな手法が創作され、使用されていますが、基本となるものは、主に次の３つのステップといわれています。

①**ユーザーニーズの共感**…ユーザーの本質をつかむために、行動観察調査やユーザーと同じ場所で同一体験をするなどを行ない、ニーズの本質をつかんでいきます。

②**ユーザーニーズの再定義**…単なる顧客の声に対応するのではなく、本質的なニーズを掘り下げて再定義をしていきます。

③**ビジネスモデルの創造**…再定義したユーザーニーズに対してプロトタイプをつくり、検証しながらビジネスモデルを構築していきます。

最終的にアイデアが革新的かどうかは、「ビジネスモデル」「技術」「顧客体験」の3つが総合的な設計になっていることが重要です。

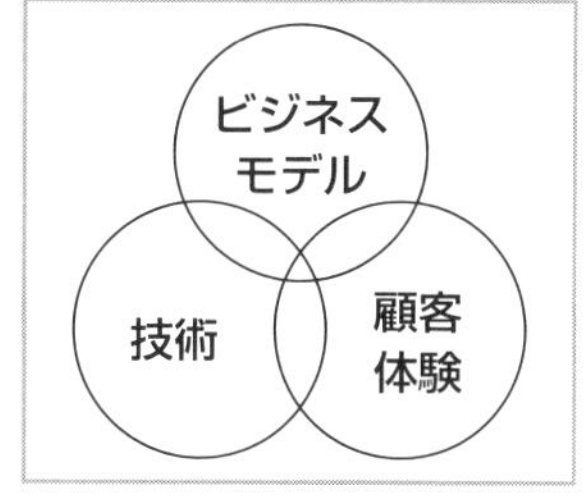

【デザイン思考の事例：Apple　iPod開発】

①ユーザーニーズの分析

- 競合他社製品を分析
- ユーザーの楽しみ方の観察

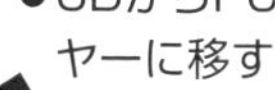

当時のユーザーの使い方
- CDからPCへ保存し、音楽プレーヤーに移す

②ユーザーニーズの再定義

- 潜在的なニーズ…「いつでも好きな場所で自分が選んだ音楽を楽しみたい」
- コンセプト…「すべての曲をポケットに入れて持ち運ぶ」
　スクロールホイールやPCと同期させるauto-syncのアイデアへ

③ビジネスモデルの創造

約2か月で100以上のプロトタイプによる試作と評価、フィードバックの繰り返しにより製品化。
社外のデザインや人間工学の専門家などを動員して11か月でiPodを開発

デザイン思考は、デザイナーだけのものではありません。デザイナーの思考プロセスを、ビジネスなどに応用した問題解決のプロセスです。モノからコト、顧客体験を売る時代に変化してきました。

今後も、顧客を中心にビジネスは変化していくでしょう。ビジネスパーソンにとっては、ユーザーを徹底的に観察・分析して本質的なニーズを見出していく、仮説と検証を繰り返しながら問題解決を図っていくというプロセスは、有意義な問題解決手法であるといえるでしょう。

ファシリテーションとホワイトボード

ビジネス上の問題解決を組織で進めるためには、頻繁に打ち合わせが行なわれます。その打ち合わせをスムーズかつ有意義に進行するためには、ファシリテーションのスキルが欠かせません。

ファシリテーションとは、打ち合わせや会議などを円滑に行なうための支援行動ですが、そのファシリテーションをレベルアップさせる方法として、ホワイトボードの上手な使い方があります。ホワイトボードの使い方がうまい人は、ファシリテーションも上手なものです。

ファシリテーションおよびホワイトボードの有効な利用の要素には、次のようなものがあります。

①グランドルール

会議の目的・目標・終了時間を提示するとともに、「意見の違いを受け入れる」「失敗を歓迎する」などを決めておき、ホワイトボードの隅に書いておきましょう。

②パーキングロット

議論の筋道から外れる発言をする人は必ずいるものです。この人の意見のなかにも参考になることはあります。筋道から外れているからと排除するのではなく、ホワイトボードの隅にメモとして残しておき、後で議論するようにしましょう。発言者の心象もアップします。

③フレームワークの活用

本書で紹介したようなフレームワーク（特に組織で共通的に使うフレームワーク）をもとに、ホワイトボードを参加者全員で共通のノート代わりに書き進めながら進行すると議論が発展します。

④合意事項・アクションプラン

議論の最後には、ホワイトボードに決定事項を書いて全員が意識を共有するようにしましょう。

8 章

現状を理解して未来志向で考えよう

Problem
Solving
Method

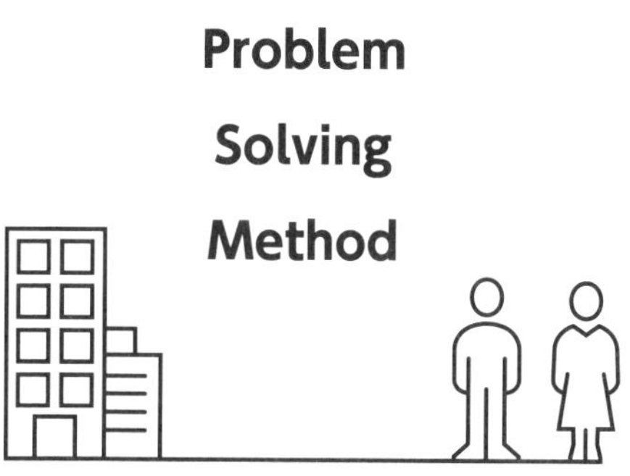

執筆 ◎ 神谷 俊彦

8-1 バラエティに富む思考法

論理で説明できない思考法が登場する

７章で「**デザイン思考**」という思考法を紹介しました。最近では「**アート思考**」という新たな方向性が提案されています。

デザイン思考は、論理の世界では割り切れない問題に対して顧客ニーズ（必要な機能の開発）を満たしていくデザイナーの手法で解決していこうとする方法であり、すでに実践されています。

一方、アート思考は、アーチストの感性にこだわった思考法（アイデア、感情、信念、哲学の表現方法）といわれていますが、まだ固まった方法論があるわけではないようです。

これらに共通する点は、これらの思考法で従来産み出せなかったイノベーションを実現しようという意図が込められていることです。アプローチのしかたが違うから２つは対立する思考法というわけではなく、共存可能であるといわれています。

１章でもいいましたが、「思考法」には多くの種類が存在しており、それぞれに手法が示されています。呼び名は違っていても、内容が似通っているものもあります。特にロジックの世界では、違った次元の考え方は出にくい傾向があるようです。

一方で上記のように、創造の世界ではまだ新たな思考法が誕生する余地がありそうです。論理が飛んだ発想を論理で説明することは簡単ではありません。だからこそ、新しい思考法は発想が飛んでいるように見えるのだと思います。

アーチストやデザイナーだけでなく、経営者や学者であっても、飛んだ発想をする人は間違いなく存在します。たとえば、化学者は数学者とは違った感性の持ち主であるといえますし、論理では見えない世界はまだまだ広いといえるのではないでしょうか。

◎未来に進む思考法◎

●思考法の世界では、これからも新たなものが誕生する余地がある。
●論理が飛んだ発想を論理で説明することは簡単ではない。そのため、その発想が飛んでいるように見えるだけなのだろう。

アーチストやデザイナーだけでなく、経営者や学者であっても、飛んだ発想をする人は存在します。そこから産み出される思考法は、これから解明される途上にあります。論理だけでは見えてこない思考法の世界はまだまだ広いといえます。

【現在、研究・試行されている活動・行動】

<研究項目>
●未来を創造するための思考法
●未来とは関係なく自分のこだわりを追求する思考法
●飛んだ発想の構造を解明していく方法

<試行中のテーマ>
●未来に向けた思考法をどのように鍛えていくか
●飛びぬけた発想をつくり出す触媒のような働きの探索

有名な「ブレーンストーミング」は本書でも紹介していますが、実は、その働きについて解明されているとはいえません。ブレーンストーミングは、道筋の整理にもなるし、新しい発想にも有用ですが、なぜ有効なのかについて完全には解明できていないのです。思考の力が偉大なのだと理解するしかないようです。

この８章では、飛んでいる発想の部分も探りながら思考法の未来の潮流について示してみたいと思います。

8-2

動画を使った鍛錬のしかた

マイクロラーニングなら無料で活用できる

インターネットが発達し始めたころから顕著になってきた「e-ラーニング」の世界は、どんどん発展しています。改めて研修ビデオで学ばなくても、いまや**無料動画**でさまざまなトレーニングができる時代になっています。

人工知能ソフトのつくり方をユーチューブで学び、無料で独学してビジネスに応用している小売店の店主も珍しくなくなりました。いまでは研修動画を作成するサービスも、数分という短時間で提供されることが多くなってきたのです。

これは「**マイクロラーニング**」というオンラインで学ぶ方法の１つで、「３分動画」などといわれるものもあります。１時間前後は必要になる場合が多いeラーニングに対し、３～５分と短いコンテンツで作成されており、長いコンテンツを学びやすく細切れにしている場合や、最初から数分で終わる場合もあります。

隙間時間の好きなときにコンテンツを開けるため、学習効率も上がります。スマートフォンやタブレット端末の普及を背景にして2010年代半ばに、米国などで広がったといわれています。

応用されるジャンルも広がりを見せています。一昔前までは「ビリーズブートキャンプ」のような筋トレエクササイズやゲーム的なものがブームでしたが、いまでは右ページ図に並んでいるような応用例があり、ほぼありとあらゆるものに広がっています。

私が学んでいる東京オリンピック・パラリンピックのボランティア向け学習ソフトも応用例の１つで、好きな時間に学べるし短い区切りで効果的に学べることを実感しています。個人に無料提供されるものだけでなく、企業向けにもサービスが提供されています。

◎マイクロラーニングとは◎

e-ラーニングの一種で、主にスマホやタブレット向けに3～5分の短いコンテンツで作成される。長いコンテンツを学びやすく細切れにしている場合や、最初から数分で終わる場合もある。

- **企業研修サービスの一環として展開。15秒から数時間程度までのコンテンツが存在する。**

- **以下のようなコンテンツを動画で確認したり、学習内容にかかわるテストを実施したりできる。**
  - 手洗いや身だしなみといった食品衛生の基礎
  - ハラスメント、労働安全、災害対策などの研修
  - 人工知能の開発、サイトをつくるプログラムの製作
  - ボランティアの職務知識の研修

- **サービスの提供価格（内容にもよります）**
  1テーマ3,000円程度で、1,000人が使用可能なもので300万円くらいが一般的な価格の目安です。

トレーニング以外の動画コンテンツも提供されていますが、情報提供者のすそ野も広がっており、見せ方もどんどん洗練されてきました。動画を効果的につくるための無料動画も提供されているくらいですから、さらなる発展を遂げるでしょうし、思考力を鍛える有力な方法になっていくことは間違いありません。

鍛えたい思考法を見つけたときは、その訓練のために、動画を探してトレーニングするのもいいし、求める動画がないときは、自分で企画して作成すれば自分も鍛えられるし、うまくすれば販売できるかもしれません。

8-3 ＡＩと思考力の関係はどうなる？

問題を設定するのは人間だが、解決するのはＡＩ!?

ＡＩ（人工知能）の知識・知能領域における活躍については、改めて説明する必要はないでしょう。現在では、ＡＩと思考力の関係が論じられることも少なくありません。本書では、思考法に使われるいろいろなフレームワークを紹介していますが、フレームワークを使うときにＡＩを補完させる動きが活発になっています。

いまでは機械学習・深層学習（ディープラーニング）の技術が発達し、問題については人間が設定するとしても、解くために必要な大量のデータを入力すると、後はＡＩがそのデータをもとに考えて、答えを導き出したり、示唆するところまでやってくれます。

クイズで出題されるような比較的定型化された知識に関しては、かなり前からコンピュータが人間を上回っていました。知識の量が問われる仕事は、人間からＡＩに置き換わっていくでしょう。フレームワークをつくるのは人間、それを使うのはＡＩということです。

インターネット内のビッグデータはあまりに膨大なので、処理するにはコンピュータを駆使する他ありません。接客など会話対応のような企業活動の最前線についても、ＡＩの最新技術を上手に活用することが企業競争を左右するようになりつつあります。

政府は、ディジタルガバメントということで、さらなるＡＩ活用に向けて動き始めました。これは、行政のなかで定型的といわれる業務のＡＩ化ということを意味します。企業においても、企業差はあるものの意味合いは同じです。ただし結局は、人間の観察力や発想力などの思考力に頼っている部分が大きいようです。思考力そのものは人間のものでも、思考力を鍛えてくれるのはＡＩということなのでしょう。

◎ＡＩと思考力の発展◎

【ＡＩは現在、第３次人工知能ブームを迎えている】

ＡＩには、「機械学習」や「ディープラーニング」といった基礎分野と、「画像認識」や「音声認識」「自然言語処理」などの応用分野があり、それぞれ独立したフィールドで研究されている。コンピュータ技術の進展で「機械学習」の分野での応用が身近になり、現在のブームを支えている。（総務省の資料より）

ＡＩ（人工知能）が人の能力を上回るまでには時間がかかると思われていましたが、囲碁や将棋でＡＩが人間に勝利することで、ＡＩが格段に進歩しつつあることを示して一躍注目されました。技術水準が向上しつつあるのみならず、すでに以下のようなさまざまな商品やサービスにＡＩが組み込まれて利活用が始まっています。

- インターネットの検索エンジン
- スマートフォンの音声応答アプリケーション
- Googleの音声検索や音声入力機能、掃除ロボット
- 人型ロボット「Pepper（ペッパー）」などの実用化

これだけの発達があっても、ビジネスにおけるＡＩの活躍はこれからで、定型的といわれる業務のＡＩ化が進み始めた段階です。企業格差はあるものの、結局は人間の観察力や発想力などの思考力に頼っている部分はまだ大きいといえます。しばらくの間は、思考力そのものは人間のもので、思考力を鍛えてくれるのがＡＩということで展開すると考えられます。

8-4 直観を思考力に活かす

直観経営は共感を得られているか

日本でも世界でも、「直観を経営に活かした」と語る経営者は決して少なくありません。ここでいう「**直観**」は、単なる当てずっぽうではなく、脳の意思決定プロセスの1つとしての直観です。

本書でも解説している野中郁次郎氏の「ＳＥＣＩ（セキ）モデル」には、「企業を知識創造する組織体とみなす」という主張があります。直観経営は、知識体系が出来上がっている経営者がいるから成り立っているのであり、やみくもに直感だけで経営しているわけではありません。

また、「直観力を磨き、経営能力を高める」という動きもあります。直観力そのものが思考力とイコールになっているようです。しかし、ＳＥＣＩモデルの議論が継続されているように、直観経営を科学する重要性は変わりません。

これらの議論のなかで注目されるカギは、「ストーリーづくり」と「**共感**」という概念です。直観経営は、打ち出されたストーリーの完成度が高く、従業員から共感を得られたから成功に導かれたとする考え方です。ストーリーが描く何らかの世界観に真・美・善といった価値観が加わり、その部分に共感を得られた結果ではないかと推定されます。

したがって、直観を科学するときに、経営の材料からストーリーを産み出す道筋がつくられると、経営に役立つ直感を産み出せるのではないか、という考え方が成り立つということです。経験や勘にもとづく暗黙知自体は、ある程度共感されている直観で成り立っているために、そこを形式知に変換できればＳＥＣＩモデルになるのかもしれません。このような思考法が解明されてくると、未来に役

◎直観と思考力の関係◎

「直観を経営に活かした」と語る経営者は少なくない。しかも日本だけではなく世界中に存在する。ドラッカー氏は、イノベーションを可能にする経営者というのは、「生煮えのアイデアを体系立った行動に転換することを自らの仕事と考えるトップだけである」と言っている。

【直観を科学する試みはずっと行なわれてきた】

いわゆる直観経営は、「ストーリーづくり」と「共感」という概念がカギになるといわれています。これは、直観的な意思であろうとも、ストーリーが描く何らかの世界観に真・美・善といった価値観が加わり、その部分に従業員が共感した結果として成功したという仮説です。

【直観を創作することは可能か？】

- 思考法の解明において、直観の構造が正しいのであれば、経営の材料からストーリーを産み出す道筋をプログラミングできれば、経営に役立つ直感を産み出せるはずです。
- ＳＥＣＩモデルは、その出来上がったストーリーが暗黙知（経験や勘による知識）として認識できて、それを体系立った行動に転換することとみなせるかもしれません。

に立つのは明らかです。

直観はどこから来るのか、なぜ出てきたのか、いつ生まれるのかなどがさらに解明できれば、よりよい経営モデルがつくれると考える人はいまでも多く存在します。これは、８－１項で紹介したデザイン思考やアート思考などとも関係する話です。

8-5

経営の問題解決と「占い」

占いに科学的根拠はないが効用はある

一般的に科学的根拠はないことから、本書の目的とは少し異なる問題解決アプローチになりますが、「占い」について触れておきましょう。個人の占いについてではなく、ビジネスの問題解決に利用される「占い」に話を絞ります。

統計的根拠はないものの、私が耳にする情報では「占い」に頼る経営者は意外に多くいます。日本だけではなく、アジアでも欧米でも顧問占い師を抱えているケースは決して少なくありません。

あまり昔の話をしても意味がないので、江戸時代の日本の商人の例をみると、大きな取引をするときなどに、吉凶を占ってから行動を起こす話はよく出てきます。現在の日本でも、占いブームは何度も起きています。中国などでビジネスに「風水」を取り入れているのは耳にしたことがあるはずです。

占いに不思議な力を感じる事例は、いろいろと報告されています。経験則という観点からは解明できない何かがあるのだろうという説明もあります。経営者は孤独で、1人で決断しなければならないので、独りよがりにならないように、統計を活用するのと同じような意味で「占い」を使うという説明もあります。

経営にはたしかに繊細な面があり、1つの決断が大きな影響を及ぼすこともあります。「占い」で闇雲に経営しているというよりも、むしろ重要な決断のときこそ冷静に判断したいために、「占い」で自分の考えや思いを見つめ直すという意味合いがあるのでしょう。

占いについては、右ページ図のように大別されます。鑑定する人は、占い師、卜者（ぼくしゃ）、易者（えきしゃ）などと呼ばれます。場合によって、「手相家」「人相家」などと呼ばれることもあり

◎経営と占いの関係◎

「経営」に占いを活用する経営者は世界的にも多く存在する。「占い」に依存した経営というよりも、経営者として重要な決断をするときにこそ、占いによって冷静に思いや考えを整理するという意味は大きい。

占いを使っても「決断」するのは経営者の仕事。企業の利用方法として従業員の悩みの解決に活用することもできる。

占いは大別すると、以下の「命」（めい）・「卜」（ぼく）・「相」（そう）の３種類がある（占い師はケースに応じて使い分ける）。

命（めい）

生年月日などから、その人のもつ生来の運命、宿命などを占う。

「占星術」
など

卜（ぼく）

卜により事柄（事件）を占うもの。何かを決断するときなどに使う。

「花びら占い」
など

相（そう）

姿や形など見えるものからその人への影響や今後の運勢などをみる。

「手相」「人相」
など

ます。

経営者によっては、さまざまな占い師をみてから顧問として招請するケースもあるようです。最近では、インターネットなどを使った方法もあり、鑑定してもらえる手段も内容も広がっています。

占いは、未来の潮流には一見、逆行しているようですが、経営者が保持しておく問題解決の１つの選択肢になります。

8-6 思考法の未来の潮流

教育のなかで思考力の磨き方を教えていこう

未来に向かって大きなポイントとなるのは、子供たちへの教育の流れがどうなるかということでしょう。そもそも「考える子供を育てましょう」という大方針は昔からいわれています。事実、思考法の教育体系などは、文部科学省がすでに方針を打ち出していて、具体的な動きは新聞・雑誌などでも紹介されています。

それらの議論を細かく見ていくと、その動きは次の３つに集約されるようです。

①教育の大きな目標の１つは、情緒力と論理的思考力の育成にある。小学校段階から情緒力を育てるだけでなく、説明文を学びながら論理的思考力を培い、中学校・高等学校段階でも、情緒力と論理的思考力とを共に育成していこうという基本教育方針の実践を粛々と進める。

②欧米には思考力重視の教育方針があり、日本は追いつくべきである。そのために抜本的に改めるべきところを改めていく。

③そもそも日本の教育は、考える楽しさ、頭を使う面白さを教えてこなかった。そういった経験をしたことがないので、勉強がつまらないと思い込んでいる子供になっている。思考力を使って楽しい教育をめざすとともに、おちこぼれを少しでも少なくしていくべきである。

いずれの主張も理にかなっています。教育は、人間の発達段階に応じて具体的にどうするかということが問題です。しかし、発達のしかたにも個性が出るので、一律な教育にはいいところもあれば改善すべき点もあるところが、議論になっているわけです。

◎未来の人材のために思考力を身につけさせる◎

教育のなかに「考える能力」を身につけるカリキュラムが必要であるというのは、いまに始まった議論ではありません。次のことがポイントとされています。

①従来の教育方針を少しでも転換して実現する
②欧米に後れをとっている現状をすぐに改めるべき
③思考力の訓練を教育に取り込み、楽しく勉強できる環境が必要

【問題解決的な学習活動と基本プロセスとは】

「思考」とは抽象的な概念であり、大人にもわかりにくいので子供にはなおさらです。子供に「考えてみよう」と言っても、何を考えたらよいのかわかりません。そこで、以下にあげるＰＤＣＡサイクルにもとづいて身につけていこうというガイドラインがあります。

- 気づきの段階………興味をふくらませる
- 何かをつかむ段階…大まかな内容をつかんで見通しを考える
- 調査や観察の段階…調べる活動や観察・実験を行なう
- まとめる段階………結果について自分の考えでまとめていく
- 発信する段階………習得した概念・法則などをまとめてその考えを発信する
- 評価段階……………自己評価や相互評価を試みて振り返り、新たな気づきをもたらす

さらに、**基礎学力**とは何かという点も重要です。思考力には、基礎学力というべきものもあるべきなのでしょうが、それが明確に区別できていないと、教育体系に組み込むことは困難です。

日本の教育体制では、数々のいいことを教えてきたはずですが、対話能力や思考力という点ではハッキリとしたそういう科目がないのが問題で、国語で教えるのか理科で教えるのかなどという議論とは違った観点も必要なのかもしれません。

いずれにしろ、本書がこのような議論の一助になってもらえれば、うれしいことです。

セレンディピティ

いろいろな成功物語を聞くと、成功する機会を見つける方法はあらゆるところに転がっていることがわかりますが、この場合、よく「セレンディピティ」（serendipity）という言葉が使われます。「ふとした偶然をきっかけに、幸運をつかみ取ること」という意味です。

決してビジネスだけで使われる用語ではなく、たとえばカップルの出会いなどにも使われ、「素敵な偶然の出会いや、予想外のものを発見する」という意味としても使われます。

セレンディピティは、「たとえ失敗しても、そこから見落とし せずに学び取ることができれば、成功に結びつく」というようなサクセスストーリーとしてとらえられています。そのため、ビジネス成功のきっかけや、ノーベル賞クラスの大発見をして何か偶然がもたらした幸運のように語られることが多くあります。

しかし、何もしていない人がいきなり成功するわけではないので、成功者にとっても、何かしらの方法論があったということよりも、偶然だったとしか言いようがないのかもしれません。

そういった意味では、急に「神様が舞い降りてくる」という言い方も同様の意味かもしれません。神様が舞い降りてくる舞台をつくれば必ず舞い降りてくるとは限りませんが、舞台をつくらないと舞い降りてはこないということだろうと考えます。

思考法としては運試し的な方法論のようで、本文で紹介するのに値しないと思いますが、発想する方法論というのは、ここでいう神様が舞い降りてくる舞台装置の設定のような役割ということでもあります。

「人間万事塞翁が馬」ということで、大きな失敗をしても、大きな不運が起きたとしても、次によいことが起こるということもあります。過去の実績をみても、「セレンディピティ」を期待したいろいろな仕掛けをつくることが問題解決の助けになっています。

おわりに

問題解決の方法を考えるときには、いかに周囲の協力が必要かということを痛感するのが現実だと思います。

結局、問題解決手法のツールやノウハウを活用するにしても、１人の力には限界があり、コミュニケーションやプレゼンテーションの力を使って、いかに協力体制をつくっていけるかということも欠かせない能力です。

しかし本書では、協力体制のつくり方については触れていません。やはり、ツールやスキルを知っておくことは大事ですし、思考力を磨くためにも、問題解決手法について深く知り、厚く理解しておくことが大事だからです。

８章にも書かれていますが、未来の子供たちのためにも学校教育の重要性は言うまでもないことです。しかし、私たち自身が十分に理解してこなかったことを、先生や子供たちに任せることはできないでしょう。

本書が、世の中で思考力を高めるきっかけになればと切に願っています。

最後に、本書の実現にあたっていつも的確にアドバイスをいただいているアニモ出版の小林良彦さん、本書の製作に携わっていただいたスタッフの皆さま、そして個別に助言をいただいた方々にも、この場をお借りして感謝申し上げます。

執筆者一同

【執筆者プロフィール】

神谷俊彦（かみや　としひこ）監修および１章・２章・８章を担当
大阪府出身。大阪大学基礎工学部卒業。中小企業診断士、ＩＴコーディネータ、Ｍ＆Ａシニアエキスパート。富士フイルム（株）にて技術・マーケティング部門で35年勤務後、独立。現在、一般社団法人 城西コンサルタントグループ（ＪＣＧ）会長として、会員とともに中小企業支援を行なっている。同時に、ものづくり経営コンサルタント会社（株）ケービーシーを設立して、代表取締役に就任し、現在に至る。得意分野は、ものづくり支援、海外展開支援、ＩＴ化支援。
著書に、『図解でわかる品質管理 いちばん最初に読む本』『図解でわかる購買管理 いちばん最初に読む本』『図解でわかる外注管理 いちばん最初に読む本』『図解でわかるＩｏＴビジネス いちばん最初に読む本』『図解でわかるＲＰＡ いちばん最初に読む本』『図解でわかるＳＣＭ いちばん最初に読む本』『生産管理の実務と問題解決 徹底ガイド』（以上、アニモ出版）がある。

坂田康一（さかた　こういち）３章・４章を担当
静岡県出身。筑波大学第二学群生物学類卒業。中小企業診断士。23年間にわたって市場調査に携わり、顧客企業のマーケティング戦略立案を支援。加えて、創業計画・経営計画・事業計画の策定支援も行なうなかで、計画実行のための基盤を整備すべく、組織づくりや人材育成にも取り組んでいる。得意分野は、各種計画の策定・実行支援。一般社団法人 城西コンサルタントグループ所属。

荒川清志（あらかわ　きよし）５章を担当
宮城県出身。東京大学卒業。米国カーネギーメロン大学産業経営大学院修了ＭＳＩＡ（ＭＢＡ）。中小企業診断士。証券会社、銀行等にて、調査、計量分析、法人顧客向け財務アドバイザリーなどの業務を経験後、独立。中小企業の経営コンサルティング（公的支援策の活用、経営戦略策定支援）、創業者や小規模事業者の経営支援に取り組んでいる。得意分野は、事業計画策定支援（補助金活用等）、データ分析にもとづく経営戦略策定。一般社団法人 城西コンサルタントグループ所属。

坪田誠治（つぼた　せいじ）６章・７章を担当
中小企業診断士、事業承継士、ＮＬＰマスタープラクティショナー。大手精密メーカーのグループ会社にて、ＩＴシステムの法人営業、マーケティングを経験後、独立。現在は、（株）イノベーション・パートナーズの代表取締役として、主に中小企業の売上向上・経営力向上の支援を行なっている。現場主義をモットーに経営者に寄り添い、年間80社以上の中小企業の経営相談に対応している。得意分野は、売上（営業力）向上、事業承継、事業計画作成。一般社団法人 城西コンサルタントグループ所属。

一般社団法人　城西コンサルタントグループ（略称：ＪＣＧ）

国家資格の中小企業診断士を中心とした100余名のコンサルタントが所属している経営コンサルタント集団。2009年に発足し、首都圏を中心に全国のお客様にコンサルタント活動・研修セミナー・各種調査事業を行なっている。会員による個別企業の経営コンサルティングを行なうのはもちろん、企業が抱えるさまざまな課題（売上・利益改善、事業承継など）に対して、多彩な専門分野をもっている会員たちでベストチームを組んで、的確にかつスピーディな診断や助言を行ない、お客様から高い評価をいただいている。

本　部：東京都新宿区新宿２丁目５－12
FORECAST新宿AVENUE　６階
ＵＲＬ：https://jcg-net.com/
mail：　info@jcg-net.com

すぐに役立つ！
問題解決手法の基本と活用法

2020年４月10日　初版発行

編著者　神谷俊彦
著　者　坂田康一・荒川清志・坪田誠治
発行者　吉溪慎太郎

発行所　株式会社**アニモ出版**
〒162-0832 東京都新宿区岩戸町12 レベッカビル
TEL 03(5206)8505　FAX 03(6265)0130
http://www.animo-pub.co.jp/

ISBN978-4-89795-236-9
印刷：文昇堂／製本：誠製本　Printed in Japan